A. FERRET 1978

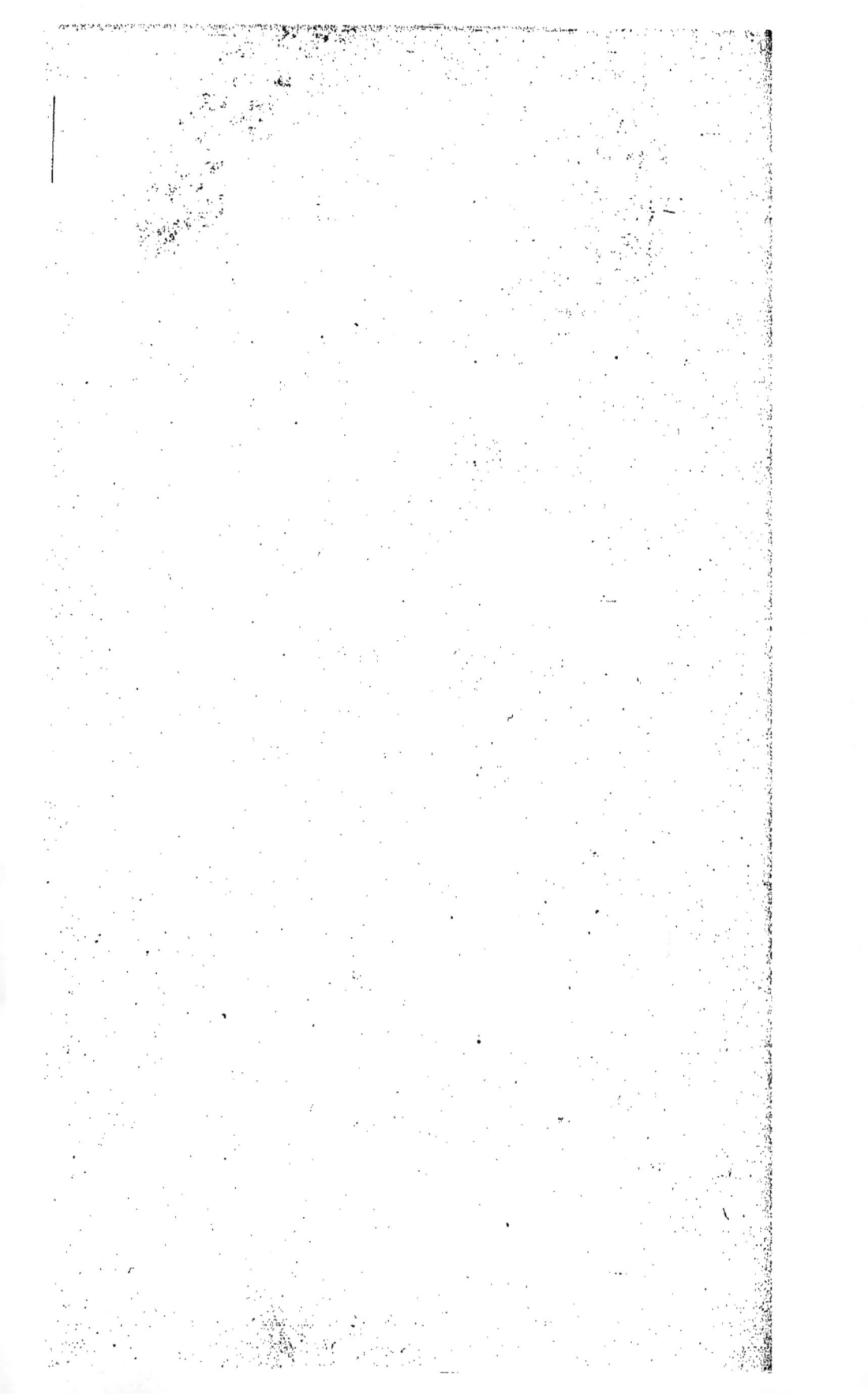

26.

TRAITÉ

DES

SERVITUDES RÉELLES.

PAR M. ASTRUC,

Professeur de droit à Toulouse.

Nouvelle édition, mise en rapport avec le

Code Civil,

Par V. SOLON, *Avocat.*

MONTAUBAN,

Imp. de J.s RENOUS et C.ie, place de l'Horloge.

1841.

TRAITÉ

DES

SERVITUDES RÉELLES.

1972

TRAITÉ

DES

SERVITUDES RÉELLES.

PAR M. ASTRUC,

Professeur de droit à Toulouse.

Nouvelle édition, mise en rapport avec le
Code Civil,

Par H. SOLON, *avocat.*

MONTAUBAN,

Imp. de J.s RENOUS et C.ie, place de l'Horloge.

1841.

INTRODUCTION.

———◆———

Le savant auteur des lettres sur la profession d'avocat disait : « La connaissance des
» lois romaines est essentielle , soit parce
» qu'elles sont aujourd'hui en vigueur dans
» les provinces que nous appelons le droit
» écrit, soit parce qu'elles fournissent à nos
» jurisconsultes des axiomes certains, *des*
» *principes constans, qui feront un jour*
» *la base de démonstrations savantes*
» *dans les questions les plus abstraites* (1).

(1) Lettre troisième.

Cette dernière prévision n'a pas été trompée; les lois romaines exercent encore la plus grande influence sur la solution des questions de droit; elles dominent surtout la solution des questions sur les Servitudes réelles, et il est bien peu de questions, sur cette matière importante, qui ne puisent dans le droit romain, le principe qui doit servir à les résoudre. Allons plus loin, et tenons pour certain qu'il n'est pas un seul avocat qui puisse avoir la moindre confiance dans son érudition, s'il ne s'est nourri de l'étude de ce droit, auquel les siècles reconnaissans ont cru devoir conserver l'autorité *de la raison écrite*, après que les changemens survenus dans nos mœurs et dans notre législation, n'ont plus permis de lui conserver l'autorité de la loi.

C'est notre conviction sur ce point, qui nous a fait sentir la nécessité d'une nouvelle édition du *Traité des Servitudes réelles* par M. ASTRUC.

Peu de livres nous ont paru réunir, à un degré aussi élevé, l'exactitude des principes sur les Servitudes , et la simplicité de l'expression qui doit en faciliter l'étude. On remarque, en effet , que si chaque page nous décèle le jurisconsulte profond, elle nous laisse apercevoir aussi le professeur modeste qui sait faire le sacrifice d'une ambition souvent facile, au désir de se rendre utile aux jeunes élèves confiés à ses soins et dont tous les efforts tendent à poser *ces axiomes certains, ces principes constans*, qui, suivant l'auteur que nous avons cité , doivent faire *la base* de *démonstrations savantes, dans les questions les plus abstraites*.

Toutefois, il faut le dire, l'ouvrage de M. Astruc ne pouvait pas suffire aux besoins de l'époque actuelle , et le temps , qui dans sa marche progressive ne ménage ni les institutions politiques ni les lois civiles, a considérablement modifié les dispositions relatives aux Servitudes : ainsi, nos mœurs n'ont plus toléré les Servitudes personnelles (art. 686 C. civil), nos lois politiques n'ont plus voulu reconnaître d'héritages prééminens (art. 638 du même Code); elles ont préféré les principes les plus favorables à la liberté des fonds (691 C. civil.), et dans toutes leurs pensées nos législateurs ont cherché à faire prévaloir cette règle : qu'en matière de Servitudes *,il faut accorder au fond dominant tout ce qui lui est dû, sans qu'il en coûte au fond servant, rien au-delà de ce qu'il doit.*

De là, la nécessité de modifier quelques opinions de l'auteur, de les mettre en harmonie avec la législation et la jurisprudence nouvelles. Cette nécessité indique le but que nous nous sommes proposé, en faisant suivre de quelques notes la réimpression textuelle de l'ouvrage de M. Astruc.

Ainsi annoté, cet ouvrage offre sur les Servitudes réelles un assemblage qui nous a paru devoir être remarqué : on y trouve un tableau fidèle de la jurisprudence du droit romain, de celle du droit coutumier; on y retrouve encore les modifications que leur apportèrent, dans le temps, les arrêts du parlement de Toulouse, et celles que doivent leur faire subir aujourd'hui, soit le Code Civil, soit la jurisprudence de la Cour de cassation et des autres Cours du Royaume. Aussi n'hésitons-nous pas à penser que si, en raison du peu de matière qu'il renferme, on ne peut l'offrir aux jurisconsultes comme un commentaire, on peut soutenir, sans crainte d'être démenti, qu'il offre le complément nécessaire et presqu'indispensable de tous les commentaires.

Mais ce n'est pas seulement aux jurisconsultes que nous recommandons la nouvelle édition d'Astruc. Les juges de paix, les experts, les entrepreneurs de bâtimens, etc. etc. y trouveront un guide sûr et facile, et nous ne doutons pas qu'en raison de son utilité et de son petit volume, il ne devienne bientôt le *vade mecum* de tous ceux que leur profession ou leur goût appellent à l'étude où à l'application des lois sur les servitudes.

TRAITÉ

DES

SERVITUDES.

DROIT ROMAIN. (1)

La matière des servitudes des fonds s'explique en deux questions. La première,
qu'est-ce que la servitude des fonds ? quelle
en est la division ? combien y a-t-il de servitudes réelles, et quelle en est la nature ?

(1) L'auteur examine d'abord la matière des servitudes suivant les principes du droit Romain : plus tard,
il compare les dispositions de ce droit, soit avec la
jurisprudence des pays coutumiers, soit avec la jurisprudence des pays régis par le droit Français, proprement dit. Il est important de rappeler que les pays *de
droit écrit,* étaient ceux régis par le droit Romain ; que
les *pays coutumiers,* étaient ceux dont la législation
reposait sur des usages écrits ; qu'enfin, les pays
de *droit Français,* proprement dit, étaient ceux
régis par les ordonnances, édits, déclarations donnés

1

La seconde, comment est-ce qu'on acquiert, ou qu'on perd les servitudes réelles ?

Première question.

Qu'est-ce que la servitude des fonds ? quelle en est la division ? Combien y a t-il de servitudes réelles, et quelle en est la nature ?

La servitude des fonds est un droit établi dans la chose d'autrui, *contre le droit naturel* (1), à l'utilité des fonds et des *personnes* (2); c'est en vertu de ce droit,

---

par les anciens Rois de France, ou par les coutumes rédigées sous leur autorité expresse.

(1) Il n'est pas exact de dire que les servitudes réelles soient établies contre le droit naturel : cela est si vrai, qu'il en est plusieurs sans lesquelles l'homme ne pourrait exploiter, ni utiliser les choses que la nature a mises à sa disposition. Telle est, par exemple, la servitude de passage, dans le cas d'enclave; telle est la servitude dont sont grevés les fonds longeant les rivières, en faveur de ceux qui ont besoin d'y conduire leurs bestiaux pour les abreuver, etc, etc.

(2) Il n'est pas permis aujourd'hui d'imposer des services à une personne en faveur d'une autre personne (art. 686 du Cod. civ.).

qu'un fonds est assujetti, à certains égards,
à un autre fonds, ou à une ou plusieurs
personnes ; on l'appelle *servant* par cette
raison. Et cette servitude est contre le droit
naturel, selon lequel tous les fonds devraient
être libres.

La servitude dont il s'agit ici est double ;
savoir, la réelle et la personnelle ; celle-là
est due à un fonds par un autre fonds voisin, et celle-ci, par le fonds à la personne.
D'où il suit, qu'il ne saurait y avoir de servitude de l'espèce dont il s'agit ici, sans
fonds, § *Ideò*, Inst. *de servit.* Nous parlerons ailleurs de la servitude personnelle. (1).

Le fonds ou l'héritage se divise en deux :
fonds de ville ou urbain, et fonds de campagne ou rustique.

Les héritages urbains, sont les édifices
qui sont bâtis pour servir d'habitation, soit
dans les villes, soit dans les villages et à
la campagne.

Les héritages rustiques, sont les terres

(1) Voyez la note 2 de la page précédente.

et les fonds où il n'y a point d'édifices, ou s'il y en a, ils ne sont pas destinés pour servir d'habitation, soit que ces héritages soient situés dans les villes, soit qu'ils le soient aux villages, ou à la campagne, comme sont des Granges et des Bergeries ; parce que cette distinction des héritages urbains et rustiques, ne se tire pas du lieu où ils sont situés, mais de leur destination et de leur usage (1).

Les servitudes réelles sont aussi de deux sortes : il y en a d'urbaines, et d'autres qui sont rustiques (2); ce qui dépend de la qualité de l'héritage dominant, indépendamment de la qualité de l'héritage qui doit la servitude. *Servitutes nomen et differentiam sumunt à prædio dominante, non verò à prædio serviente : Si quidem prædiales servitutes*

(1) *Si quidem urbana, vel rustica prædia non locus facit, sed materia*, Leg. 198. ff. de verb. signifi.

(2) Le code civil a maintenu cette distinction, dans son article 687, et cependant on est généralement d'avis qu'elle est, aujourd'hui, sans importance dans la pratique.

sunt juria et qualitates prœdiorum in quorum utilitatem et commodum constituuntur.

Comme la servitude réelle est un droit et une qualité du fonds dominant auquel elle est due, il est naturel qu'elle tienne sa qualité.et sa dénomination du fonds dont elle augmente la valeur, indépendamment de la qualité du fonds qui en est chargé, et dont elle rend la possession onéreuse et incommode.

Ainsi, les servitudes urbaines sont celles qui sont dues aux héritages urbains ; les servitudes rustiques, au contraire, sont celles qui sont dues aux héritages rustiques.

On trouve dans notre texte (1) neuf espèces de servitudes rustiques.

1.º *Iter* ; c'est le droit d'aller, de venir, et de se promener par un champ, à pied ou à cheval, sans néanmoins y pouvoir mener aucune bête de charge, ni y faire passer aucune voiture.

2.º *Actus* ; c'est le droit de conduire une

(2) Aux Inst. tit de Servitut. rust. et urb. prœd.

bête de charge , ou une voiture par le fond d'autrui : ainsi , celui qui a la servitude *d'Iter*, n'a pas celle *d'Actus*, mais quiconque a celle *d'Actus*, a aussi celle *d'Iter*, par cette raison , que le plus renferme le moins.

3.º *Via* ; c'est le droit d'aller et de venir par les fonds d'autrui , et d'y conduire des bêtes de charge et des chariots , car cette servitude renferme les deux précédentes (1).

Qui plus est, elle semble n'avoir rien de plus que la servitude *d'Actus*. Les docteurs ont aperçu cette difficulté , et l'ont résolue en observant que la largeur de la servitude appelée *Actus*, n'est pas réglée par les lois , qu'elle dépend toujours de la convention

(1) Ces trois sortes de passages constituent une servitude discontinue ; elles ne peuvent donc s'acquérir que par titre : une possession , même immémoriale, ne suffirait pas pour les établir, (arg. de l'art. 691 du Code civil); à moins qu'il ne s'agit d'un passage nécessaire ; il est constant aujourd'hui , que la possession trentenaire d'un tel passage , suffit pour en déterminer le mode, et pour en grever un fonds plutôt qu'un autre ; voyez Arrêt. de cass. du 11 août 1824.

des parties, au lieu que la largeur de la voie est définie à huit pieds, quand le chemin est droit, et à 16 pieds, quand il va en tournant. Leg. 8 et Leg. 13; § 2, ff. de *servit. præd. rust*.; quoique la largeur puisse avoir plus ou moins d'étendue par convention faite entre les parties (1).

Enfin, celui qui n'a que la servitude d'*Actus*, ne peut pas conduire un chariot chargé à la hauteur d'un pique, ni traîner par

(1) Le code civil ne maintient pas la distinction faite par la loi Romaine ; il reconnaît seulement la servitude du passage, et il laisse aux tribunaux le soin de déterminer la largeur qu'il doit avoir, soit d'après le titre, soit d'après l'intention présumée des parties, soit d'après la nécessité. Voici, au surplus, quelle est, suivant l'usage le plus général, la largeur d'un chemin de servitude : pour le passage d'un homme à pied, on laisse *deux tiers de mètre* ; pour le passage d'un homme avec un cheval, ou avec une autre bête de charge ou de monture, on laisse *deux mètres* ; et s'il s'agit d'un chemin pour charrette, on doit laisser la largeur nécessaire pour le passage d'une charrette chargée suivant l'usage des lieux, (voir l'article 94 du 2.ᵐᵉ projet de Code rural) ; c'est-à-dire, que pour fixer la largeur d'un pareil passage, l'on doit prendre en considération la largeur des charrettes, l'habitude où l'on est de

l'héritage servant des poutres et de grosses pierres; mais celui qui a la servitude de *Via*, est en droit de faire tout cela. Leg. 7. ff. de servit. præd. rust. ; vid. Godefroi, sur cette loi; Vinnius, sur notre titre (1) *in principio*; et Ferrière, au même lieu, dans ses nouvelles Institutes (2).

4.º *Aquæductus* ; l'aqueduc est un droit de conduire l'eau en son fonds par celui

les charger; dans la plupart des pays méridionaux, la largeur du passage est de 8 pieds, quand il est droit, et de 16 pieds, quand il vient en tournant. Enfin, et dans tous les cas, il est admis aujourd'hui comme autrefois, que toutes les questions qui peuvent s'élever à cet égard. sont presque toujours renvoyées à des experts; voyez la loi 13, § 2, ff. de servit. rustic. præd.

(1) Tit. de servitutibus, aux Instit.

(2) Toutes ces subtilités sont repoussées par les lois nouvelles : ainsi que nous l'avons dit, la largeur du passage et le droit du propriétaire du fond dominant, sont déterminés par le titre, et à défaut de titre, suivant les dimensions indiquées à la note de la page précédente. Mais, encore une fois, dans le doute, il faut recourir à des experts, et ceux-ci n'ont pas de meilleure règle à suivre, que celle qui consiste à rechercher l'objet de la servitude, et l'usage qui détermine le mode d'exploitation pour laquelle le passage a été établi.

d'autrui, et cela se fait ou en plaçant des canaux, ou en traçant une rigole par le fonds d'autrui jusqu'au nôtre ; Leg. 1. § 2. ff. *de rivis*, ou même en élevant l'eau par le moyen d'une roue placée dans le fonds d'autrui ; Leg. 2. ff. *comm. præd. tam urb. quam rustic.* (1).

5.º *Aquæ haustus* ; le droit de puiser de l'eau dans le fonds d'autrui (2).

6.º *Pecoris ad aquam appulsus* ; le droit d'y abreuver les bestiaux (3).

7.º *Jus pascendi* ; le droit de les y faire paître (4).

(1) Cette servitude, lorsqu'elle s'exerce au moyen d'ouvrages apparents faits sur le fonds servant, s'acquiert par la prescription trentenaire : voyez Leg. *Si quis diuturno usu ff. Si servit. vindic.* Cæpolla, *de servit. rustic. præd.* Arg. de l'art. 642 du Code civil.

(2) Cette servitude ne peut s'acquérir que par titre, à cause de son caractère de discontinuité ; une possession, même immémoriale, serait inutile ; Arg. de l'art. 688 du Code civil.

(3) Même observation que dans la note qui précède.

(4) Cette servitude étant non apparente et discontinue, ne peut être acquise par prescription. Art. 688 du Code civil.

*

8.º *Calcis coquendæ;* celui de cuire de la chaux (1).

9.º *Arenæ fodiendæ* ; celui d'y fouiller du sable (2).

Voilà les neuf servitudes rustiques, dont il est parlé dans les Institutes; nous en trouvons d'autres exemples dans le *Digeste* , comme de tailler de la Pierre , de tirer de la Craie , de prendre des échalas pour nos vignes, dans le fonds des voisins ; Leg. 3. § 1 et 2. Leg. 5 et 6. ff. de servit. rust. præd. (3).

C'est encore une servitude , d'avoir une chaumière dans les fonds d'autrui , quand on y a, d'ailleurs, droit de pâturage; *ut si hiems ingruerit, habeam quo me recipiam;* Leg. 6. § 1. in fine ff. de servit. rust. præd. (4).

Le droit de presser son vin ou ses olives au pressoir d'autrui ; celui de se servir de

(1) Même observation qu'à la note précédente.

(2) Même observation que pour les deux servitudes qui précèdent.

(3) Toutes ces servitudes sont imprescriptibles.

(4) Cette servitude est continue et apparente; elle peut s'acquérir par prescription.

son sol, ou de son aire-sol pour y battre nos
grains et nos légumes ; celui de pouvoir les
serrer dans le domaine d'autrui, tombent
encore dans l'ordre des servitudes rustiques ;
(1) Il en est parlé dans la loi 3. § 1. ff. de
servit. rust. præd., et dans la loi 14, au §
dernier ff. *de alimentis legatis* (2).

Les servitudes urbaines sont au nombre
de cinq ; du moins le § premier de notre
titre n'en indique pas au-delà ; il y en a
pourtant d'autres (3).

La première de ces servitudes est le droit
qu'on a de faire soutenir les charges de sa

(1) Toutes ces servitudes sont discontinues et imprescriptibles.

(2) Et généralement, il est certain que tout propriétaire d'immeuble a le droit de constituer telle servitude
que bon lui semble, pourvu néanmoins que les services
établis ne soient imposés ni à la personne, ni en faveur
de la personne ; mais seulement à un fonds et pour un
autre fonds, et pourvu que les services n'aient d'ailleurs
rien de contraire à l'ordre public (art. 686 du Code civ.)

(3) Il résulte de l'article 686 du Code civil, que
le nombre en est illimité.

maison par la maison voisine, *oneris feren-di* (1).

La seconde, est le droit de poser ses poutres dans le mur voisin, *tigni immittendi* (2).

Ces deux servitudes semblent être les mêmes : il y a pourtant entr'elles une différence essentielle, la voici : c'est que dans la servitude *tigni immittendi*, le propriétaire de la maison qui la doit, n'est tenu que de recevoir dans son mur les poutres du voisin, et puis c'est tout; Leg. *malum*, 242, § 1. ff. *de verb. signif.*; au lieu que dans la servitude *oneris ferendi*, le maître de la maison qui y est sujet, est obligé de réparer et même de refaire à neuf la colonne, le pilier, ou le mur destiné à supporter les charges de la maison du voisin : c'est la disposition de la loi 33, ff. de servit. urb. præd. Il y a de la singularité en cela, et c'est contre la vraie nature des servitudes, qui ne con-

(1) Cette servitude est continue et apparente : elle peut, dès lors, être acquise par la prescription de 30 ans.

(2) Même observation que dans la note qui précède.

sistent que dans une pure souffrance de la
part du propriétaire de l'héritage servant.
*Servitutum non ea natura est ut aliquid
faciat quis, veluti viridariæ tollat an
ameniorem prospectum præstet, aut in
hoc ut in suo pingat; sed ut aliquid patia-
tur aut non faciat.* Leg. 15, § 1. ff. de
servitut. (1).

. Il paraît de la loi 6, au § 2. ff. *si servit. vendic*, qu'il s'était élevé à ce sujet
une dispute entre les jurisconsultes, mais
enfin que l'avis de Servius qui donnait l'effet dont on a parlé à la servitude *oneris
ferendi*, avait prévalu. On peut voir, là-dessus, Cœpolla, dans son Traité de servitutibus, tract. 1, cap. 98; et Vinnius, sur le
§ 1 de notre titre (2).

---

(1) L'article 698 du Code civil consacre la disposition de la loi Romaine; il dispose que les ouvrages nécessaires pour user de la servitude et pour la conserver,
sont aux frais de celui auquel est due cette servitude,
à moins que le titre qui la constitue ne dise le contraire.

(2) La généralité des expressions dont s'est servi le
législateur, dans l'article 698 du Code civil, nous auto-

Il y a une autre servitude qui approche fort des deux précédentes, mais qu'il faut bien se garder pourtant de confondre ; celle-ci s'appelle *Jus tigni projiciendi* (1), dont il est parlé dans les lois 1 et 2 ; ff. de servit. præd. urb. ; elle n'est autre chose que le droit d'avancer son bâtiment sur l'héritage d'autrui, de manière, toutefois, qu'il repose dans le mur de notre maison ; comme sont les saillies, balcons et avances ; *Vinnius ubi suprà;* voyez aussi Cœpolla, tract. 1. cap, 31, qui explique cette servitude dans un sens tout différent, mais que l'on croit peu raisonnable ; et c'est à la servitude *protegendi,* qu'il applique, dans le chap. 32, ce qui vient d'être dit au sujet de l'autre, d'après Vinnius.

rise à croire que l'opinion de Vinnius ne saurait être admise aujourd'hui, que dès lors, même dans le cas de la servitude *oneris ferendi,* le propriétaire du fonds servant ne peut être tenu à aucun des ouvrages qui peuvent être nécessaires pour l'entretien de la servitude, à moins que le titre ne l'y oblige.

(1) Cette servitude est aussi continue et apparente, et par cela même, prescriptible.

La troisième, est le droit de stillicide, *servitus stillicidii*, c'est-à-dire, le droit que j'ai d'obliger mon voisin de recevoir sur le toit de sa maison, ou dans sa cour, ou dans son égout, les eaux qui tombent des toits de ma maison ; ou le droit que j'ai de ne pas recevoir dans ma maison les eaux qui coulent de la sienne, ou de sa cour.

Cette servitude est double, et l'on entend sans peine la première qui consiste à obliger mon voisin de recevoir dans sa maison, dans sa cour et égout, l'eau qui tombe de mon toit, soit qu'elle tombe doucement du toit, goutte à goutte (1), soit qu'elle en tombe avec impétuosité, par une gouttière ou canal; Leg. 20, § 3, et suivants, ff. de servit. præd. urb. (2).

Mais comment entendre l'autre ; savoir, le droit de ne pas recevoir les eaux qui tombent du toit de la maison voisine, dans notre cour (3) ; car, c'est plutôt un effet

(1) Alors on appelle ce droit *jus stillicidii recipiendi*.
(2) C'est alors la servitude *fluminis recipiendi*.
(3) *Servitus stillicidii vel fluminis non recipiendi*.

de la liberté, qu'un profit de la servitude.

Pour concilier cela, il faut supposer qu'il y a des lieux où, par statuts ou ancienne coutume, les maisons doivent recevoir les eaux les unes des autres ; *nam si jus commune civitatis sit jus stillicidii, vel fluminis recipiendi, contrarium erit servitus et vice versâ* (1).

La quatrième, est le droit d'empêcher notre voisin d'élever sa maison au-delà d'une certaine hauteur, arrêtée et convenue entre les parties,

(1) Il existe une autre servitude, appelée en droit *servitus stillicidii non avertendi*; c'est celle par laquelle un voisin auquel il est utile, de recevoir les eaux du toit de son voisin, peut l'empêcher de les détourner. L'établissement de cette servitude paraîtrait plus onéreux que profitable, si on ne savait qu'il existe certaines localités, dont la situation rend l'eau tellement rare, que celle de citerne même y est précieuse. Ce qui fait qu'on ne doit pas être surpris, qu'un propriétaire cherche à s'en procurer une plus grande abondance, en obtenant de son voisin, qu'il soit tenu de laisser couler l'eau de son toit dans la maison qui en a besoin ; cette servitude est continue, et s'il a été fait, sur le fonds voisin, des travaux apparents, destinés à recevoir les eaux, l'existence de ces travaux pendant 30 ans fait acquérir la servitude. Art. 688 du Code civil.

servitus altiùs non tollendi ; ce qui est contraire au droit naturel, et à cette règle vulgaire du droit ; *cujus est solum, ejus est cœlum* (1).

Tout cela est aisé à entendre ; mais comment se mettre au fait d'une autre servitude, appelée *altiùs tollendi,* dont il est parlé dans les lois 1 et 2, ff. *servitut. præd. urb.* ; car n'est-ce pas plutôt une liberté qu'une servitude ?

On ne peut applanir cette difficulté qu'en supposant, comme sur la servitude précédente, que par les lois particulières de quelque ville ou province, on avait réglé une certaine hauteur aux maisons, avec défense de l'excéder malgré le voisin ; car cela supposé, on comprend sans peine, qu'en s'affranchissant du statut, par un traité fait avec son voisin, on acquiert une servitude sur sa maison, laquelle doit être nécessairement rehaussée en vertu du traité, ce qu'elle n'eût pû ni dû être en vertu de la loi muni-

(1) Article 552, Code civil. Cette servitude est non apparente, art. 689, Cod. civ. ; elle n'est pas dès-lors prescriptible.

cipale ; c'est ainsi que Vinnius , sur le § 1 ,
de ce titre, dénoue la difficulté ; *Cœpolla,
de servitut.* tract. 1, *cap.* 26, la dénoue
de la même façon , et tâche de soutenir l'u-
tilité de cette servitude , par des raisons qui
ne paraissent guère sérieuses (1).

La *cinquième* est la servitude *luminibus
non officiendi ;* c'est le droit d'empêcher
son voisin de rien faire qui ôte ou qui diminue les vues de notre maison; c'est ce qui renferme non seulement la servitude *altiùs non
tollendi ,* mais va plus loin encore ; car dans
celle dont il s'agit , le propriétaire du fonds

(1) Il nous paraît que l'auteur se fait une difficulté
qui n'est pas réelle ; on n'a pas besoin d'admettre des
villes régies par des statuts particuliers , pour reconnaître l'existence de la servitude *altius tollendi ;* dans
tous les pays possibles , on peut en effet stipuler , que
le voisin sera obligé à tenir sa maison assez élevée, pour
garantir l'édifice pour l'utilité duquel elle a été établie,
soit contre l'ardeur du soleil , soit contre le mauvais
temps ; et c'est ainsi que l'envisageait la loi 2, ff. de
servit. præd. urb. Ajoutons que si des statuts avaient
été faits pour conserver la décoration des villes, il n'y
aurait pas de possession ni de titre qui pûssent contra-
rier les vœux d'ordre public qui auraient servi de
fondement à ces statuts.

servant ne peut pas obscurcir les vues du voisin, ni en élevant sa maison plus haut, ni en plantant des arbres, ni d'aucune autre façon. Leg. *si arborem in princip.; etc.* § 2, ff. de servit. præd. urb.; au lieu que celui qui doit la servitude, *altiùs non tollendi,* peut planter des arbres, à quelque hauteur qu'ils puissent s'élever; *œdificia quæ servitutem patiantur, ne quid altiùs tollatur, viridia suprà eam altitudinem habere possunt,* dit la loi 12, ff. de servitut. præd. urb.; et c'est ce qui s'induit encore de la loi *quod autem,* 7 du même titre (1).

Il y a une autre servitude bien approchant de celle dont nous venons de parler, on l'appelle *servitus luminum;* il en est parlé dans la loi 4, ff. de *servitutibus præd. urb.* et autres textes du droit. Il ne faut pas la confondre avec la précédente; tous les docteurs conviennent que ce sont deux servitudes distinctes; mais quelle en est la différence? c'est sur quoi ils se partagent. L'opi-

---

(1) Cette servitude est non apparente; elle est, dès lors, imprescriptible. Il existe à cet égard des observations infiniment importantes, que nous avons consignées au n.º 304 de notre Traité des Servitudes.

nion la plus commune, c'est que la servitude *luminum*, a cela de moins que la servitude *luminibus non officiendi ;* que le maître de la maison qui doit la première , a la liberté de l'élever plus haut, et de faire dans sa maison ce que bon lui semble , pourvu qu'il laisse à la maison du voisin autant de lumière qu'il en faut pour un usage raisonnable ; et l'on a vu que celui qui doit la servitude *luminibus non officiendi*, ne peut rien faire qui diminue le jour du voisin ; c'est ainsi que Cœpolla, *de servitutibus*, tract. 1, cap. 35, et Vinnius, sur le § premier de notre titre, expliquent cette servitude *luminum* ; c'est aussi l'opinion la plus

(1) Une autre différence de cette servitude avec la précédente, c'est qu'au lieu que cette dernière est imprescriptible, celle qui nous occupe peut s'acquérir par la prescription. Il est positif, en effet, que si je fais faire dans mon mur une ouverture, au moyen de laquelle je prends , sur l'héritage voisin, le jour qui m'est nécessaire pour éclairer mon appartement, et que mon voisin garde le silence pendant trente ans, la servitude de jour sera acquise en ma faveur, et mon voisin ne pourra faire aucun ouvrage qui paralyse mon jour. Ce point de droit est aujourd'hui certain.

reçue, bien que d'ailleurs beaucoup d'interprètes d'un grand nom aient donné une autre explication à cette servitude, ainsi qu'on l'apprend dans Vinnius, et Cœpolla, aux lieux cités (1).

Il y a ce semble une troisième servitude de lumière, distincte encore des deux précédentes, c'est la loi 40, ff. de servit. præd. urb., qui fournit cet idée; *eos*, dit-elle, *qui jus luminis immittendi non habuerunt, aperto pariete communi, nullo jure fenestras immississe respondi;* ce sera donc une servitude *lumines immittendi*, ou le droit d'avoir des fenêtres sur un mur com-

---

(1) Toutes ces distinctions tiennent plus à la subtilité des écoles, qu'à une juste appréciation des principes du droit; aussi notre code ne les a-t-il pas consacrées. Son silence à cet égard nous prouve que ce n'est que par l'interprétation qu'on peut régler les droits du fonds dominant, et les obligations du fonds servant; et que lorsqu'il s'agit de juger de l'étendue d'une servitude de jour, on doit consulter le titre constitutif de cette servitude, en observant, que s'il y a lieu de l'interpréter, on doit moins s'en tenir aux termes du contrat qu'à l'intention présumée des parties contractantes; voyez les observations contenues au n°. 278 de notre Traité sur les servitudes.

mun , ce qui n'a point de rapport , comme l'on voit , avec la servitude *luminum* , ni avec la servitude *ne luminibus officiatur* (1).

Godeffroi a observé sur cette loi , que le droit d'avoir des fenêtres sur des murs communs était une vraie servitude , soit parce qu'en règle , il n'est pas permis à l'un des consorts de rien faire en la chose commune , sans l'aveu de l'autre , soit parce que , de droit commun , les murs de séparation devaient être sans ouverture , et s'appelaient par cette raison *parietes cœci* , selon le témoignage de Varron , ainsi que Cujas l'a observé au premier livre de ses observations , chap. 31 (2).

(1) Puisque cette dernière s'exerce au moyen d'ouvertures pratiquées dans le mur dépendant en entier de l'héritage dominant.

(2) La raison de douter vient de ce que, suivant la loi 11, ff. de servit. præd. rust., la servitude sur un fonds commun n'a lieu si tous n'y consentent, et de ce que celui qui a fait l'ouverture dans le mur, étant propriétaire de la moitié de ce jour, c'est se décider contre la règle : qu'on ne peut avoir de servitude sur

Il y a encore deux autres servitudes en cette matière de vue dont il est parlé dans le droit, savoir : la servitude de *prospect* et la servitude *ne prospectui officiatur*.

Cette dernière consiste en ce que le propriétaire de la maison qui la doit, non seulement ne peut rien faire qui diminue le jour du voisin, comme dans la servitude de *luminibus non officiendi*, mais ne peut même rien entreprendre qui diminue l'agrément de son point de vue, ni du côté du ciel, ni du côté de la terre, par où la servitude *ne prospectui officiatur* a plus d'étendue que celle *luminibus non officiendi*; et c'est ce qui est décidé par la loi *inter servitutes*, 12, et par la loi *lumen*, suivante, ff. de servit. præd. urb.

sa propre chose, *res sua nemini servit*. Mais ce qui doit faire accueillir l'opinion de Godeffroi, c'est que celui qui fait l'ouverture n'étant maître que de la moitié du mur, n'en grève pas moins l'autre moitié : qu'ainsi, il use du droit qui ne lui appartient pas de se servir de la chose commune : or, cette charge constituant évidemment une servitude, il prescrit contre la prohibition portée par l'article 189 de la Coutume de Paris, et par l'article 678 du Code civil.

A l'égard de la première, qui est celle de *prospect*, Cœpolla, qui la distingue de la précédente, *tract* 1, cap. 34, la fait consister dans un droit un peu moins étendu, savoir, dans un point de vue agréable, auquel rien ne peut être changé; bien que du reste, celui qui la doit ne soit pas tenu de procurer la vue du ciel.

Tout cela est extrêmement menu, et l'on croit qu'il est beaucoup mieux de confondre ces deux servitudes ensemble, pour n'en faire qu'une seule, et de supposer que, quand la loi *iter servitutes* ff. de *servit.* præd. urb. a parlé *du prospect* et *ne prospectui officiatur*, elle a usé de ces deux expressions, *comme* de deux synonymes, qui ne renferment qu'un seul et même objet. Cœpolla convient lui-même que c'est l'avis de plusieurs jurisconsultes célèbres, et c'est entr'autres l'avis de Vinnius, sur le 1er § de notre titre (1).

_____

(1) Ces distinctions n'ont d'autre importance que pour concilier les divers textes des lois Romaines; elles ne sont plus utiles que dans les écoles, et la juris-

Telles sont les servitudes urbaines et rustiques, dont il est parlé dans le droit, mais
il ne faut pas croire que, par convention,
il ne soit pas permis d'en faire d'autres, ou
de modifier différemment celles dont il a
été parlé (1).

Régulièrement, il ne peut y avoir de servitude sans héritages, de part et d'autre, §
3, inst. de servit. ; il faut même que ces héritages se touchent sans milieu, Leg 5, §
1, ff. de servit. præd. urb. leg. 7, § 1, ff.
eod. (2). Il y a cependant des servitudes

et la jurisprudence n'admet que trois espèces prin-
cipales de servitudes de jour ; 1.º celle qui a
pour objet de prendre du jour du dehors ; 2.º
celle qui a pour objet de faciliter les moyens de re-
garder au dehors de sa maison ; 3.º enfin celle
qui a pour objet de donner une vue sans bornes ;

Cette dernière se divise encore en servitude *altiùs
non tollendi*, qui n'est point un obstacle aux plantations, et en servitude de *prospect*, qui ne permet
aucun obstacle.

(1) Voir la note 3, page ci-dessus.
(2) C'est une erreur : la contiguité ne tient nullement à l'essence des servitudes. *Vinnius*, aux Inst.
liv., 2. tit. 3. § qui *servitut. debere*. Dans une
première rédaction de l'article 647 du Code civil,

auxquelles un local intermédiaire ne fait point obstacle ; Leg. 7, § 1, et Leg. finali ff. de servit. præd. rust. Leg. 1, ff. de servit. præd. urb. et Leg. 7, § 1, ff. comm. præd.

Ce qui vient d'être dit est mesuré sur les principes du droit ; car, du reste, il peut y avoir, par stipulation, des servitudes en faveur de celui qui n'a point de fonds ; et ces servitudes s'appellent innominées, ainsi, que Cœpolla l'a expliqué, tract. 1. p. 9., et leur utilité passe aux héritiers de ceux qui les ont stipulées, à moins qu'il parût, des termes de la convention, que le pacte était purement personnel (1).

on avait dit que la servitude était une charge imposée à un héritage, pour l'utilité d'un *héritage voisin.* Le Tribunat demanda la suppression de ce dernier mot, par la raison qu'il pouvait y avoir des propriétés intermédiaires entre l'héritage qui doit la servitude, et celui à qui elle est due.

(1) Les lois nouvelles ne connaissent pas ce genre de servitude ; elles sont opposées à tout ce qui peut se rapporter, directement ou indirectement, aux services établis pour ou à la charge d'une personne; article 686; Code civil.

Indépendamment des servitudes dont je viens de parler , il y en a que la nature elle-même semble avoir établi sur certains héritages ; ainsi , l'eau qui tombe sur les montagnes et sur les lieux élevés, coule ensuite nécessairement dans les vallées et dans les lieux bas ; mais ces dépendances ne sont pas de véritables servitudes, parce qu'elles viennent de la nature même , et de l'ordre qu'elle a établi sur les héritages plus élevés ou plus bas (1). Leg. 1, § *penult.* et *ultimo* ff. de aquâ et aquæ pluviæ arcend.

C'est dans ce sens qu'il faut entendre la

(1) Ce sont de véritables servitudes dont l'exercice se règle comme celui des servitudes ordinaires; le Code civil les qualifie de servitudes *naturelles ,* par opposition aux servitudes *légales ,* et aux servitudes *conventionnelles;* article 639. Les servitudes naturelles se rapportent non seulement à l'obligation , pour un fonds inférieur , de recevoir les eaux qui s'écoulent du fonds supérieur ; mais encore à recevoir l'éboulement des terrains supérieurs; et généralement à tous les assujettissements auxquels la nature des lieux soumet notre propriété , pour le profit d'un ou de plusieurs héritages voisins. Voyez ce que nous disons dans notre Traité des servitudes , n°. 51 et suivants.

loi 2 de ce titre, qui s'explique ainsi : *In summâ tria sunt per quæ inferior locus superiori servit : lex, natura loci, vetustas quæ semper pro lege habetur minuendarum scilicet litium causâ ;* la loi, c'est la volonté des parties. La nature des lieux est cette dépendance des lieux inférieurs dont nous avons parlé, et bientôt nous expliquerons ce que c'est que cette troisième espèce de servitudes que la loi appelle *vetustas*. (1)

Il est de principe que toutes les servitudes réelles sont indivisibles (2); conséquemment, si une servitude est établie sur un héritage voisin, en faveur d'un autre héritage, cette servitude est toute en tout l'héritage dominant et l'héritage servant, et

(1) Par *vetustas*, on doit entendre la prescription ; voyez ci-après, 2.me question, page 41 et suiv.

(2) C'est une erreur que nous avons combattue dans notre Traité des servitudes, n.° 15 ; les servitudes sont comme les autres droits en général ; elles se divisent dans leurs avantages comme dans ce qu'elles peuvent avoir d'onéreux. Arg. de l'art. 700, et de l'art. 1217 du Code civil.

toute en chacune partie , comme l'ame est toute en tout le corps , et toute en chacun de ses membres ; *Cœpolla,* tract. 1. cap. 1, de *servit. dividuis et individ.*

Il suit de ce principe que , si l'héritage est commun à plusieurs par indivis , un d'eux ne peut pas imposer un droit de servitude que tous les autres n'y aient consenti , parce que cette servitude étant répandue sur tout l'héritage , elle engagerait les portions qui n'appartiennent pas à celui qui l'aurait imposée ; Leg. 11 , ff. de servit. præd. rust., et Leg. ult. ff. comm. præd. (1).

Il faut dire aussi par la même raison , qu'un des co-propriétaires d'un héritage possédé entre plusieurs par indivis , ne peut stipuler un droit de servitude , parce qu'il l'acquerrait généralement à tout l'héritage, et

---

(1) Ce n'est pas parce que la servitude est indivisible , mais bien parce que la chose commune étant la propriété de plusieurs , aucun des co-propriétaires ne peut la grever sans le consentement des autres , pas plus qu'il ne pourrait en disposer. Voir toutefois la note 2 de la page 30.

par conséquent aux portions qui ne lui appartiennent pas ; Leg. si *unus ex sociis*, ff. de servit. præd. rust. (1)

Enfin, par la même raison , si j'ai stipulé un droit de chemin pour l'héritage, et que je laisse plusieurs héritiers qui partagent cet héritage, chacun d'eux a le droit de chemin tout entier, quoiqu'il n'ait qu'une portion de l'héritage dans son lot. Cette décision qui est importante, se trouve en termes exprès dans la loi 17 , ff. de servit. *Si stipulator*, dit-elle, *decesserit pluribus hæredibus relictis singuli solidam viam petunt, et si promissor decesserit pluribus hæredibus relictis, à singulis hæredibus solida petitio est* (2) , et c'est

(1) Cette décision n'est pas juste, et n'est pas admise de nos jours ; le co-propriétaire d'un héritage peut donc stipuler une servitude pour l'utilité de cet héritage, sauf aux communistes à renoncer à cette servitude, si elle leur paraît plus nuisible qu'avantageuse. On conçoit en effet , que l'état de communauté où se trouve le co-propriétaire , lui fasse un devoir de rendre meilleure la chose commune , et lui en donne tout au moins le droit.

(2) Article 700 du Code civil.

un des effets de la maxime, que bien
que la servitude ne puisse pas être acquise *pro parte*, à cause qu'elle est indivisible, Leg. *pro parte*, ff. de servit.;
elle peut néanmoins être retenue *pro parte*,
Leg. *ut pomum* § 1. ff. de servit. Leg.
si quis œdes, § 1. ff de servit. præd
urb. Leg *aquam versiculo quod si plu-
rium*, *ff. quemadmodum servit. amit-
tantur* (1).

(1) L'auteur ne fesant pas connaître tous les prin-
cipaux caractères des servitudes, nous avons cru
devoir remplir cette lacune; aussi dirons nous, 1.º
que la servitude est une charge de la propriété,
mais qu'elle ne fait pas partie de la propriété à laquelle elle s'attache, *Decius*, Cons. 1. n.º 1.;
2º. Qu'elle ne peut être établie que pour un fonds,
ou un édifice, pour l'utilité d'un autre fonds, ou
d'un autre édifice, *Vinnius*, aux *Inst*, liv. 2. tit. 3.
n.º 2.; 3.º Que la servitude ne peut jamais exister
sans un objet utile ou agréable; *Discours du cit.
Albisson au Tribunat, sur le tit. des servitudes;*
4.º Qu'on ne peut établir une servitude sur un fonds
dont on jouit comme propriétaire, *res sua nemini servit.* D'*Argentré*, Cout. de Bretagne, des fiefs,
article 361, Gloss. 2.; 5. º Que la Servitude ne se pré-
sume pas, et que toutes celles dont l'utilité n'est pas suf-

Seconde question.

Comment est-ce qu'on acquiert ou qu'on perd les servitudes réelles?

Les servitudes réelles s'acquièrent par des actes entre-vifs, ou par des dispositions de dernière volonté; car, un testateur peut défendre à son héritier d'élever sa maison au-dessus d'une certaine hauteur, pour ne pas ôter le jour à une maison voisine. Il

---

fisamment constatée, sont défavorables; Lalaure, liv. 1.er chap. 1.er 6.º Que les servitudes se divisent en continues et discontinues. *Les premières*, sont celles dont l'usage est ou peut être continuel, sans avoir besoin du fait actuel de l'homme, telles sont les conduites d'eau, les égouts, etc. etc. (article 688, Code civ.). *Les secondes* sont celles qui ont besoin du fait actuel de l'homme, pour être exercées; telles sont les droits de puisage, de passage, et autres semblables; (même article). 7.º qu'elles se divisent encore en servitudes apparentes et servitudes non apparentes. *Les premières*, sont celles qui s'annoncent par des ouvrages extérieurs, tels, qu'une porte, une fenêtre, un aqueduc, etc. *Les secondes*, sont celles qui n'ont pas de signes extérieurs de leur existence; comme, par exemple, la prohibition de bâtir sur un fonds, ou de ne bâtir qu'à une hauteur proportionnée, article 689 du Code civil.

peut aussi ordonner que son héritier recevra dans son mur les poutres, et les solives de la maison voisine, ou qu'il sera obligé de souffrir la servitude de l'écoulement et de la chute des eaux, ou qu'il laissera aller et venir par son fonds le propriétaire de l'héritage voisin, soit à pied, soit avec une bête de charge, ou une voiture; ou qu'il lui permettra de conduire par son fonds de l'eau dans le sien (1).

La prescription est encore un moyen légitime d'acquérir les servitudes réelles, et ceux qui ont cru qu'il y avait des difficultés à cet égard dans le droit Romain, n'y en ont trouvé, que parce qu'ils ont confondu l'usucapion avec la prescription.

_____

(1) Les servitudes s'acquièrent, en outre, par toute sorte de titres propres à transférer la propriété, par vente, échange, transaction, acte de partage, par jugement, (observation de la cour de cassation sur le projet du code civil, titre des servitudes); soit que ce jugement ait eu pour objet de remplacer le titre perdu, soit qu'il ait été rendu pour tenir lieu d'une convention verbale dont les parties ne s'étaient pas réservées une preuve suffisante.

★

Il est certain que les servitudes ne pouvaient être acquises chez les Romains par
l'usucapion, qui était une façon de prescription courte et abrégée; mais qu'elles
pouvaient l'être par la prescription appelée *longi temporis*, qui était de 10 ans,
entre présents, et de 20 ans, entre ab-
sents (1).

(1) C'est ce qu'atteste Vinnius, aux Inst. *Text.*
quibus modis, servit. const., titre *de servitutibus*;
Heineccius fait observer à cet égard, que sous la
loi *Scriboniam*, 4, § ult. ff. de usurp. et usuc.;
les servitudes ne pouvaient pas s'acquérir par la
prescription; *quia*, dit-il, *tanquam res incorpora-
les non possidentur*. Leg. 32, ff. de *servit.* præd.
urban.; mais que plus tard, le préteur donna secours
à ceux qui avaient eu la possession *longi temporis*,
par la raison que *quasi possidentur*; Leg. 10. ff.
Si servit. vind., et que plus tard encore, Justinien
confirma le droit des possesseurs d'une servitude,
Leg. ult. cod. de prescrip. long. temp. Voir Hein-
nec. aux Pandect., lib. 8. tit. 4, § 158, à la note.
   La Coutume de Paris excluait, au contraire, la
prescription des servitudes, lors même que la possession aurait duré cent ans, lorsqu'il s'agissait de
les établir; tandis que s'il s'agissait d'acquérir la liberté du fonds grevé, la prescription était admise,

La raison de cette différence est marquée dans la loi *Servitut.* 1, ff. de *servitut.* c'est qu'il ne pouvait y avoir d'usucapion sans possession, et que les droits incorporels, tels que les servitudes, n'étaient pas capables d'une possession proprement dite, et que d'ailleurs cette possession, quelle qu'elle fût, ne pourrait pas être permanente et continuelle ; *non enim*, dit la loi, par forme d'exemple, *tàm perpetuo tàm*

(article 186 de la Coutume). — La Coutume de Toulouse admettait la prescription ; le Code civil l'admet également ; seulement, il a distingué les diverses espèces de servitudes ; il a dit que les servitudes continues et apparentes, (voir la note 1 pag. 39), pourraient s'acquérir par la prescription de 30 ans, (art. 690, Code civil), et qu'au contraire, les servitudes discontinues, apparentes ou non apparentes, ne pourraient s'acquérir que par titres, (article 691 du même Code); nous disons par la prescription de 30 ans, parce que la jurisprudence n'admet pas pour les servitudes, la prescription de 10 et 20 ans, portée par l'art. 2265 du Code civil : voir, notamment un arr. de cas. du 20 déc. 1834, Sirey, vol. 35, part. 1 p. 34, et les notes que nous avons placées aux pages précédentes, pour faire connaître la nature de chacune des servitudes indiquées par l'auteur.

continenter ire potest ut nullo momento possessio ejus interpellari videatur ; au lieu que pour acquérir la prescription, la quasi-possession était suffisante.

Il n'est donc pas douteux que les servitudes réelles ne puissent être acquises par prescription ; et c'est là une de ces sortes d'acquisitions, que la loi 2, ff. de *aquâ et aquæ pluviæ arcendæ* appelle *vetustas*, ainsi que nous l'avons ci-devant observé.

Mais il faut reconnaître qu'il s'est élevé quelques disputes entre les interprètes sur la qualité de la prescription requise ; le plus grand nombre a cru qu'il suffisait de la prescription *longi temporis*, dont nous avons expliqué la durée, et c'est dans ce sens qu'ils ont expliqué la loi, *si quis diuturno*, ff. si servitus vendicetur, la loi 1 et 2, ff. de aquâ et aquæ pluviæ arcendæ, la loi 5, ff. de itinere *actuque privato*, la loi 1 et 2, cod. de servit. et aquâ, et autres textes du droit.

Les autres ont cru qu'il fallait une pres-

cription *longissimi temporis*, c'est-à-dire,
celle qui est fondée sur une possession immémoriale, *cujus in contrarium
memoria non stat*; ils s'appuient sur la
loi, hoc jure, 3. § *Ductus aquæ*, ff. de
aquâ quotidianâ et æstiva, où il est dit
que la possession immémoriale de la servitude d'aqueduc tient lieu de titre, et
cela n'est pas douteux; mais suit-il de là
qu'on ne puisse acquérir la servitude par
un moindre temps; la conséquence serait
fausse, et la loi *si quis diuturno* ff. *si
servit. vindic.*, la condamne expressément
dans l'espèce même de l'aqueduc. Ainsi
l'on tient que l'avis des premiers est pré-
férable; et que, pour le moins, toutes les
servitudes réelles peuvent s'acquérir, selon
le droit Romain, par la prescription de 30
ans, depuis que ce droit a fixé le terme
de presque toutes les prescriptions à trente
années de possession continue.

Il se forme pourtant à ce sujet, même parmi
les interprètes, une distinction entre les servitudes continues et les servitudes discontinues:

on peut voir là-dessus *Cæpolla*, tract. 1 cap. 19 et 20 ; nous en parlerons plus en détail dans la section suivante, en expliquant ce que l'usage a déterminé à cet égard dans le pays du droit écrit (1).

Il faut prendre garde, au surplus, que toutes les servitudes réelles ne s'acquièrent pas par le temps seul, et que dans celles qu'on appelle négatives, il faut une prohibition de la part de celui qui prétend acquérir la servitude, et que le temps nécessaire pour prescrire ne commence à courir que du jour de cette prohibition.

Je m'explique : mon voisin a été plus de 30 ans sans élever sa maison, ou sans entreprendre autre chose qui pût obscurcir mes vues ; je n'aurai pourtant pas acquis de cela seul la servitude, *altiùs non tollendi ou luminibus non offici-*

___

(1) Ajoutons qu'il est nécessaire que la possession ait eu lieu pendant 30 ans, d'une manière paisible ; *nec vi nec clàm, nec precariò ;* voyez au surplus, sur toutes ces observations de l'auteur, notre dernière note.

enuli; et pour pouvoir y prétendre, il
faut que lorsque ce voisin a voulu élever
sa maison, ou diminuer mes jours par
quelque autre endroit, je lui aie fait acte
de défense, que le voisin y ait déféré, et
que, depuis cet acte, se soit écoulé sans
contradiction le temps légitime pour prescrire, *Glossa* in Leg. *qui luminibus*, ff.
de servit. præd. urb. et in Leg. 1. cod.
de servit. et aquâ; Cæpolla, tract. 1. cap.
20. n.º 7. (1).

Il en est tout autrement eu égard aux
servitudes affirmatives et qui consistent *in
faciendo* et *non in prohibendo*, comme
l'aqueduc, le droit de pacage, de passage, etc. Car il suffit, pour acquérir ces
sortes de servitudes, d'avoir possédé, ou
quasi-possédé, pendant le temps nécessaire

(1) C'est la conséquence de ce que disait le pré-
sident *Faber*, *contradictio sine effectu* dat *ini-
tium præscriptioni*; cette contradiction bien légalement constatée, fait courir la prescription des servitudes, qui sans cela ne prescriraient pas; par
exemple, des servitudes non apparentes; voir notre
Traité, n.º 398.

à la prescription, Cæpolla , *ubi suprà* (1).

Comme les servitudes réelles s'acquièrent par différens moyens , elles se
perdent par différens moyens aussi; la perte
semble même en être plus aisée , parce
que tout retour au droit naturel est favorable.

1.º Les servitudes se perdent par prescription , et l'on peut s'en décharger par
cette voie , comme l'on peut les acquérir,
Leg. 7, Leg. 10, § 1, ff. quemad. servit.
amitt. et Leg. 13, cod. de servit. et aquâ;
c'était , selon cette dernière loi , par 10
ans , entre présents, et 20 ans , entre

(1) Par suite de ce qui a été dit à la note 5 et suiv. de
la page 9 , les servitudes de pacage et de passage son[t]
aujourd'hui imprescriptibles , mais la distinction de
l'auteur entre les servitudes affirmatives et les servitudes
négatives , est peu exacte, et pour décider des questions
de prescription , il faut s'en tenir 1.º A la distinction portée par l'art. 690 C. civ , qu'il *n'y a de prescriptibles que les servitudes continues et apparentes ;*
et 2.º Aux observations faites dans notre Traité , n.º
398, et desquelles il résulte qu'une servitude imprescriptible par sa nature, peut, par l'effet d'un ou
plusieurs actes contradictoires, devenir susceptible de
prescription.

absens. Cette loi indique même qu'on pouvait auparavant acquérir la liberté par usucapion ; et cela est vrai ; la loi 4. § 29 ff. *de usucapionibus*, y est expresse : quoi qu'il en soit, d'ailleurs, eu égard aux termes reculés, il est du moins certain, qu'on peut prescrire par 30 ans contre la servitude, comme on peut l'acquérir par ce même temps : les lois qui sont sous le titre du Code, *de præscript.* 30, *vel* 40 *annorum*, n'en peuvent laisser aucun doute (1).

Mais c'est sous les mêmes conditions, qu'on se libère des servitudes, et qu'on les acquiert ; c'est-à-dire, en distinguant, comme on l'a fait ci-devant, entre les servitudes qui demandent, outre le temps, quelque fait particulier, telles que sont la plupart des urbaines, et celles où le temps seul est suffisant.

(1) Les servitudes ne se prescrivent aujourd'hui que par 30 ans ; la prescription de 10 et de 20 ans, n'est pas plus admise, pour faire perdre les droits de ce genre, que pour les faire acquérir. Arr. de cass. du 10 déc. 1834, rapp. à la note 1 pag. 42.

Cette distinction eu égard à la perte des servitudes, se trouve dans la loi 6. ff. de *Servitutib. præd. urb.; hæc autem jura* (les servitudes urbaines), *similiter ut rusticorum quoque prædiorum certo tempore non utendo pereunt. Nisi quod hæc dissimilitudo est quòd non omnimodò pereunt non utendo; sed ità si vicinus simul libertatem usucapiat.*

La loi confirme cette décision, par des exemples dont nous avons déjà parlé. Votre maison doit à la mienne la servitude *altiùs non tollendi,* ou *luminibus non officiendi ;* j'ai tenu mes fenêtres fermées pendant tout le temps requis par la prescription ; n'importe, je n'ai point perdu par-là les servitudes qui m'étaient acquises, à moins que vous n'ayez, pendant ce temps-là, élevé votre maison, ou obscurci mes jours de quelque autre manière ; *alioquin,* ajoute la loi, *si nihil novi feceris, retineo servitutem.*

Cette même loi confirme la décision par un autre exemple. J'ai sur votre maison la servitude *tigni immittendi vel immissi*, j'ai retiré la solive que j'y avais placée, mais cela ne me fait point perdre mon droit, à moins que vous ayez bouché l'ouverture d'où j'avais tiré la solive, et que, à compter de ce jour, le temps légitime pour prescrire se soit écoulé ; *alioquin*, dit la loi, *si nihil novi feceris, integrum jus meum permanet* (1).

2.º Les servitudes se perdent par un relâchement exprès ou tacite, comme si je permets ou que je souffre que le maître

(1) Selon le Code, la prescription commence à courir, selon les diverses espèces de servitudes ; savoir du jour où on a cessé d'en jouir, lorsqu'il s'agit de servitudes discontinues, et du jour où il a été fait un acte contraire à la servitude, lorsqu'il s'agit de servitudes continues (art. 707 du Code civil); et l'on ne considère comme acte contraire à la servitude, que la destruction complète des lieux qui la constituaient. On peut voir les autorités que nous avons citées, sur cette partie importante des servitudes, au n. 505 de notre Traité. Toutes nos observations ne sont, au reste, que la conséquence et le développement des anciens principes,

du fonds servant y fasse quelque chose qui soit contraire à la servitude. Leg. 14. § 1. ff. de servit. Leg. 8. ff.; quemadmod. servit. amitt. (1).

3.º Les servitudes se perdent par confusion, c'est-à-dire, lorsque le même devient propriétaire du fonds dominant et du fonds servant (2); Leg. 1. ff. *quemadmod. servit. amitt.* Leg. 30. ff. de servit. *præd. urb.*; mais cela n'a pas lieu lorsqu'on n'acquiert qu'une partie du fonds dominant et du fonds servant; car en ce cas, la servitude *retinetur pro parte,* Leg. una 18. Leg. via 23. § ult. ff.

Si vicinus simul libertatem usucapiat, Leg. 6. ff. de servit. præd. urb.

(1) Ce mode d'extinction équivaut à la remise de la servitude; cette remise est *expresse* ou *tacite.* Elle est *expresse,* quand elle résulte d'un acte, ou d'une déclaration formelle : elle est *tacite,* quand elle résulte de faits incompatibles avec l'existence de la servitude; ce mode d'extinction est difficilement admis, car les renonciations à un droit ne se présument pas; elles doivent être prouvées.

(2) Article 705 du Code civil.

de servit. præd. rust. Leg. *ut pomum* 8.
§ 1. ff. de servit. (1).

4.º Les servitudes périssent par l'extinction, ou la perte des choses qui les doivent (2), par exemple, si la fontaine d'où j'avais droit de prendre de l'eau, vient à tarir ; il est vrai, que si l'eau y reparaît dans la suite, même après le temps de la prescription, la servitude revit (3) ; *si fons exharuerit ex quo ductum aquæ habeo, isque post constitutum tempus ad suas venas redierit, an aquæductus amissus erit, quæritur ?* et la loi sui-

(1) La confusion doit être définitive ; sans quoi l'exercice de la servitude n'est que suspendu ; cela a lieu, par exemple, dans tous les cas où le titre, qui a opéré la réunion, est soumis à une condition résolutoire.

(2) Article 703, Code civil.

(3) A moins toutefois que le propriétaire de la fontaine n'ait, depuis plus de 30 ans, changé les lieux de manière à s'affranchir de la servitude ; le changement des lieux témoigne du désir de s'affranchir de l'obligation, et constitue le fonds servant en pleine liberté ; Arg. de l'article 704, Code civil.

vante décide pour l'affirmative ; on trouve un autre exemple de cette nature , dans la loi *si locus* , 14. ff. quemadmodum, servit amitt.

Il y a quelques autres cas encore , dans lesquels les servitudes se perdent (1) ; on peut les voir dans Cæpolla , tract. 1. cap. 24., et dans Vinnius , sur le § dernier de notre titre. Je me contente de vous avoir expliqué les plus fréquents.

(1) La servitude se perd encore , 1.° par le rachat volontaire ou forcé ; (le rachat ne peut être *forcé*, que dans le cas de l'article 8. chap. 4. tit. 1er. de la loi du 6 octobre 1791) ; 2.° par l'abandou du fonds grevé , suivant la règle, que quand on n'est obligé que par rapport à une chose , on peut se soustraire à son obligation en abandonnant cette chose; 3° par la réso-lution du droit de celui qui a constitué la servitude (article 2125; Code civil). V. notre Traité, n. 522.

DROIT FRANÇAIS ET COUTUMIER.

Nous joignons ici le droit Français et le droit coutumier dans une seule section, parce que, bien qu'à divers égards, ils diffèrent entr'eux, ils se réunnissent néanmoins pour ce qui est des servitudes urbaines, où la Coutume de Paris fait, à peu-près, règle par tout le Royaume (1).

A cette première observation en succède une autre importante ; savoir, que presque tout ce que je vous ai dicté du droit civil dans la précédente section, est observé dans l'usage ; et c'est par cette raison, que je suis entré dans un plus grand détail sur ce titre, que je ne l'ai fait sur les précédents.

Voici ce que vous devez savoir de plus sur cette matière.

(1) Même dans les pays régis par le droit écrit, lorsque le cas est douteux.

Nous ne distinguons plus en France les trois servitudes rustiques, appelées, *Iter*, *Actus*, *Via*; et dans l'usage, nous ne connaissons que ces deux servitudes de chemins : l'une pour faire passer les gens à pied, et l'autre pour les chariots, charrettes et autres voitures, laquelle doit être suffisante, suivant la disposition et la nature des lieux où elle est due (1). C'est communément l'acte même qui le règle, et si l'acte ne dit rien, ou qu'il parle d'une manière ambiguë, on a recours au ministère des experts, *ad arbitrium boni viri*; c'était la pratique des Romains, non seulement pour la servitude des chemins, mais encore pour toutes les autres; ainsi qu'il paraît de la loi *qui luminibus*, 11. § 1. ff. de servit. præd urb.; et divers autres textes de Droit.

C'est pareillement la nôtre. Voyez Ferrière, sur l'article 184 de la Coutume de Paris; c'est un des articles du tit. 9 de cette Coutume, qui est conçu en ces

(1) Voir la note 1.re de la page 15.

termes , *des servitudes et rapports de jurés ;* parce que ces rapports ont fréquemment lieu dans les matières des servitudes.

Ainsi , lorsqu'il s'agit dans des contestations de cette espèce ou autre, de connaître l'état des lieux et autres choses de cette nature , qui consistent dans des faits dont les juges ne peuvent pas être instruits par eux-mêmes , on ordonne que les lieux seront vus et visités par experts et gens connaissans, dont les parties conviendront, ou qui seront nommés d'office par le juge , à la place de la partie qui n'en voudra pas nommer.

Ces experts sont obligés de faire serment pardevant le juge, de faire leur rapport par écrit , et d'en signer la minute qu'ils doivent délivrer au juge qui a reçu leur serment ; s'ils sont d'accord, ils doivent donner leur avis par un même rapport ; et s'ils sont partagés, on procède à la nomination d'un tiers ; mais il faut observer que si un artisan est intéressé en son nom contre un bourgeois, on ne peut prendre

3

pour tiers qu'un bourgeois (1) ; toute
cette procédure est tracée plus en détail
dans le titre 21 de l'ordonnance de 1667,
articles 9, 10, 11, 12 et 13 (2).

Quelquefois le juge ordonne qu'il sera
fait un plan et figure des lieux, et en
ce cas, outre les experts, ils ont un
peintre pour faire la figure.

Les servitudes de chemin, ou de
passage, dont nous venons de parler,
s'acquièrent par un moyen particulier,
qui n'est pas commun aux autres servitudes, et dont nous n'avons pas parlé
par cette raison dans la section précédente : ce moyen descend néanmoins du

(1) Cette nécessité n'existe plus ; on ne croit pas
plus aujourd'hui à l'infaillibilité des bourgeois, qu'à
celle des artisans.

(2) Il est important de faire observer que les magistrats ne sont nullement astreints à suivre la décision des experts ; (article 323 du Code de procéd.
civile) ; mais que dans les cas où ils s'en éloignent,
ils doivent en faire connaître les motifs : sans quoi
leur jugement serait susceptible d'être cassé. Voyez
Favard de Langlade, en son Répertoire, V° rapport
des experts; sect. 1.re § 4 n. 11.

droit Romain, et notre usage est constamment adopté.

C'est la nécessité (1) qui l'a introduit, dans le cas qu'on ne saurait aller à son héritage enclavé, de tous côtés, dans d'autres possessions, sans passer par quelqu'une de ces possessions ; car, alors on peut contraindre le propriétaire à donner passage par son fonds, en le dédommageant ; *arbitrio boni viri*, Leg. si mercedem, § *si cum* ff. *de actionibus empti* ; Leg. *si quis sepulchrum*, ff. *de religiosis* et *sumptibus funerum*. Dolive, au liv. 1.er chap.

(1) Les articles 682, 683 et 684 du Code, établissent dans les termes suivants, la servitude dont parle l'auteur : « Le propriétaire dont le fonds est enclavé et qui n'a aucune issue sur la voie publique, peut réclamer un passage sur le fonds de son voisin, pour l'exploitation de son héritage, à la charge d'une indemnité proportionnée au dommage qu'il peut occasionner. « Le passage doit régulièrement être pris du côté où le trajet est le plus court du fonds enclavé à la voie publique ; néanmoins, il doit être fixé dans l'endroit le moins dommageable à celui sur le fonds duquel il est accordé.

14. Peleus, quest 108 ; Coquille, quest.
74 et autres ; c'est ce qui a été confirmé par divers arrêts, rapportés par Mor-
nac, sur les lois 10 et 11 ; ff. de servit. præd. urb. ; par M. Louet, lett. C.
n.º 1 et 2 ; et par M. Maynard, liv. 4,
chap. 59 ; dans ce cas, le juge doit ordonner le passage par l'endroit du champ
qui causera le moins de dommage au propriétaire ; Leg. si cui ff. de servit.

Coquille, au lieu cité, remarque un cas
auquel il n'y aurait pas lieu à l'estimation du droit de passage et au dédommagement ; savoir, si l'héritage qui serait
entouré de toutes parts par d'autres héritages, avait appartenu avec lesdits héritages à une même famille, laquelle, depuis, les aurait partagés.

En ce cas, l'auteur estime que le propriétaire de l'héritage enclavé peut demander passage, *jure suo*, à ceux qui ont
des héritages voisins aboutissant sur le grand
chemin, ou conduisant à la ville ou vil-
lage prochain ; étant vraisemblable, que

l'héritage n'a pas été accordé ainsi sans droit de passage ; et la bonne foi requiert, selon lui, qu'on supplée ce défaut et cette omission ; n'étant pas à croire qu'on ait voulu faire le partage de ces héritages, pour rendre celui qui se trouverait entre tous les autres inutile au consort dans le lot duquel il écherrait (1).

Mais on n'est pas obligé d'accorder passage à celui qui le demande, quand il peut aller à sa possession ou héritage par un autre chemin, quoiqu'il soit rompu, si ce n'est jusqu'à ce qu'il soit refait; (2) Leg. 2. ff. *ne quid in loc. publico*;

(1) Cette opinion est des plus raisonnables ; elle est la conséquence de la règle, que l'aliénation ou la délivrance d'une chose, comprend tous les accessoires nécessaires de cette chose; loi 66. au ff. de contrat. empt. Graverol sur Laroche, liv. 3. lett. S tit. 4, article 1.er Arg. des art. 546, 1018, 1614 et 1615 du Code civil.

(2) En ce cas, les fonds qui sont contigus au chemin détruit, sont grevés d'une servitude légale de passage, moyennant juste indemnité, jusqu'au rétablissement du chemin ; loi du 6 octobre 1791, tit. 2, article 14, et art. 650, Code civil.

comme il a été jugé par arrêt du mois de Janvier 1531, rapporté par l'Hommeau, maxim. 437.

Le propriétaire de l'héritage qui est chargé de cette servitude, n'est pas tenu de faire refaire le chemin rompu, et doit seulement souffrir qu'on passe par les autres endroits de sa terre, jusqu'à ce que le chemin soit refait par ceux qui ont ce droit, s'ils ne peuvent passer ailleurs ; Leg. 3. *de Usufructu*. Voyez les arrêts d'Ausanet, tit. des servitudes, art. 21 et Ferrière, sur le tit. 9. de la Coutume de Paris, *in principio*, que je n'ai fait presque que transcrire en cet endroit (1).

Le droit Romain ne nous a pas donné beaucoup de règles sur les servitudes urbaines. La raison en est que leurs maisons étaient communément isolées, ou séparées les unes des autres par un espace libre de deux pieds, ou d'un pied et demi,

(1) Nous sommes entrés dans quelques détails sur ce sujet aux n. 112 et suivants de notre Traité sur les servitudes.

qu'on appelait *ambitus ;* c'est ce qu'on apprend dans la loi dernière, ff. *finium regundorum;* dans la loi *imperator*, 14. ff. de *servitutibus præd. urban.* ; et dans les notes de Godeffroi, sur cette loi ; et de là vient que les maisons sont souvent appelées, dans le droit, *insulæ.*

Par cet ordre, l'usage des servitudes urbaines n'y pourrait pas être aussi fréquent que parmi nous, où les maisons se touchent ; mais cependant, comme nous avons plusieurs lois qui parlent des murs communs, il en faut conclure, ou que cette police dont nous avons parlé, n'était pas toujours observée exactement, ou que les maisons isolées devenant communes à plusieurs, par des successions, ventes, etc, etc, et puis se partageant entre les différents consorts, c'était comme plusieurs maisons bâties à suite l'une de l'autre.

Quoiqu'il en puisse être, il est du moins certain que nous avons en France, des règles sur les servitudes de ville, qui descendent plus dans le détail que les lois Romaines ; ces règles sont prises dans la Coutume de Paris, au tit. 9, des servitudes et rapports des jurés, et dans tout le royaume, elles ont à peu-près force de loi, sauf néanmoins les lieux où les coutumes particulières peuvent en avoir autrement disposé.

Je vais vous expliquer tous les divers articles de cette Coutume, j'entends de celle de Paris, qui ont rapport à notre matière : et lorsque j'y remarquerai quelque vestige du droit Romain, je prendrai soin de vous le faire observer.

L'article 187 de cette Coutume ; qui est le quatrième du titre 9, est conçu en ces termes. « *Quiconque a le sol appelé l'étage du Rez-de-chaussée d'aucun héritage, il peut, et doit avoir le dessus et le dessous de son sol, et peut édifier par dessus et par dessous, et y faire puits aisément, et autres choses licites, s'il n'y a titre au contraire* (1) ».

(1) L'article 552 du Code civil consacre le même

C'est la paraphrase de cette règle vulgaire de droit, *cujus est solum cujus est*
cœlum ; on la trouve dans divers textes
et notamment dans la loi 24. ff. de *servi-*
tutibus prœd. urb. ; et dans la loi 22.
§ penult. ff. *quod vi aut clàm.*

Il est donc libre à celui qui est propriétaire du sol , de bâtir au-dessous et au-
dessus , autant que bon lui semble , s'il
n'y a titre au contraire ; c'est-à-dire , s'il
n'y a quelque titre constitutif de servitude
qui déroge à cette liberté naturelle : ainsi ,
sur ce point, le droit Romain et la Coutume de Paris sont conformes (2).

principe dans les termes suivants : « Le propriétaire
du sol emporte la propriété du dessus et du dessous. Le propriétaire peut faire au-dessus toutes les
plantations qu'il juge à propos , sauf les exceptions
établies au titre des servitudes , ou services fonciers. Il
peut faire au-dessous toutes les constructions et fouilles
qu'il jugera à propos , et tirer de ces fouilles tous les
produits qu'elles peuvent fournir , sauf les modifications résultant des lois et réglements de police »
(article 674 du Code civil).

(2) Les lois du bon voisinage ne permettent pas
qu'on puisse abuser du droit dont parle l'auteur , et

★

Ferrière, sur cet article, remarque que,
selon Ausanet, cet article de la Coutume,
dans ce qu'il dit de l'élévation des murs
et des maisons, reçoit une exception qui,
sans être écrite dans la Coutume, est néanmoins reçue dans l'usage et autorisée par
les arrêts ; savoir, les bâtimens joignant
et proches des maisons religieuses, lesquelles ne peuvent être élevées au-dessus
de leur hauteur ancienne. Il y a, dit-on,
un arrêt du parlement de Paris, du 20

s'il est reconnu que chacun puisse exhausser sa maison
à sa volonté, bien qu'il n'ait pas l'intention d'appuyer
sur l'exhaussement de nouvelles constructions, (arrêt
du parlement de Paris, du 5 Fevrier 1658), il est
certain, d'un autre côté, que ce droit a ses limites, et
que si l'exhaussement était purement malicieux, on ne
devrait pas le tolérer ; Delvincourt, vol. 1er, page
403 ; Duranton, vol. 5, n. 350 et 352. Il était même
admis par le parlement de Paris, que si des difficultés
s'élevaient à cet égard entre les deux voisins, la justice avait le droit de fixer la hauteur. Arrêt du 4
Fevrier 1559, rapporté par Lebrun, sur la Coutume
de Toulouse. Voir aussi la loi 11, § 1, ff. de servit. præd. urb. ; cette décision nous paraît seule
propre à concilier tous les intérêts.

Avril 1677, qui le juge ainsi en faveur du Monastère de l'*Ave Maria*. (1).

Cette exception au droit commun doit s'entendre, selon Ferrière, lorsque l'élévation peut offusquer ou obscurcir considérablement les Chapelles, ou les lieux réguliers, ou que par le moyen de cette élévation, on peut voir dans les cours, jardins, ou cloîtres des Monastères, et non autrement; encore, selon lui, doit-il être fait, en ce cas, quelque dédommagement, pour la prohibition de ne pas élever.

Il faut observer de plus, que cette liberté de faire dans son sol ce que l'on veut, quelqu'absolue qu'elle paraisse, s'entend néanmoins *civili modo*, c'est-à-dire, de telle façon que le tiers n'en reçoive pas un préjudice trop notable : ainsi, l'on a jugé que le propriétaire de la partie inférieure d'une maison n'y pouvait pas faire une forge, parce qu'elle incommoderait le propriétaire de la partie supérieure, la-

(1) Ce privilège n'existe plus aujourd'hui.

quelle, par ce moyen, deviendrait inhabi-
table. L'arrêt qui l'a ainsi jugé est du 26
Janvier 1672 ; on le trouve sous cette date
dans le Journal du Palais, et il est fondé
sur la disposition de la loi, *sicut* § 5. ff.
si servit. vindicetur, et sur la doctrine
de Cæpolla, tract. 1. cap. 53 (1).

Enfin, dans les villes, cette liberté d'élever
les maisons si haut que l'on veut, cède aux
réglemens de police contraires. Ferrière,
sur cet article, dit que M. de la Raynie,
lieutenant-général de police, à Paris, en
avait fait un qui portait défense à tous propriétaires d'élever les murs de face de leurs
maisons plus de 18 toises, à prendre
depuis le rez-de-chaussée du pavé de la rue,
jusques et compris l'entablement (2)

_____

(1) Il n'en serait pas ainsi aujourd'hui, et rien ne
s'opposerait à ce que le propriétaire d'un rez - de-
chaussée fît une forge dans ses appartements ; la seule
condition qu'il aurait à subir, serait de faire faire
les travaux et constructions nécessaires, pour que le
feu de la forge n'endommageât pas les murs contre
lesquels elle serait appuyée; c'est la conséquence des
art. 552 et 674 du Code civil combinés.

(2) Ces réglemens n'existent plus aujourd'hui, et

L'article 188 de la Coutume de Paris porte que, *qui fait étable contre un mur mitoyen, doit faire contre-mur de huit pouces d'épaisseur et de hauteur, jusques au rez de la mangeoire* (1)

Cet article semble trouver son origine dans la loi *fistulam*, ff. de *servit. præd. urb.* ; et dans la loi, *si quandò* § dernier ff., *si servitus vindicetur ;* car, on y veille à la conservation des murs communs ; mais ce n'est pas par la précaution qu'indique cet article.

On s'aperçoit aisément de la raison de cette précaution ; c'est pour empêcher que le mur commun ne soit endommagé par les chevaux, les fumiers, etc.

On entend par mur mitoyen, dans cet article, un mur qui est commun aux pro-

---

l'on peut bâtir aussi haut qu'on veut, pourvu qu'on ne menace pas la sûreté des passans, et pourvu qu'on ne nuise pas au voisin ; suivant ce que nous avons dit à la note 2 de la page 65.

(1) Dans le midi de la France, les contre-murs devaient avoir 15 pouces d'épaisseur, et 3 pieds de hauteur ; Soulàtge, Coutume de Toulouse, n. 136.

priétaires des deux maisons voisines ; *quasi medius inter utrum que vel meus et tuus ;* appartenant aux deux voisins, moitié par moitié, et par indivis.

Quelquefois, mur mitoyen se prend pour le mur qui sépare deux héritages, quoiqu'il appartienne pour le tout au seul propriétaire de l'un de ces héritages, *quasi medius inter utrum que ;* et c'est en ce sens que ce terme est employé dans les articles 194 et 198, ainsi qu'on verra ci-après.

Ferrière observe sur cet article que, si le mur appartient à l'un des voisins, l'autre a droit d'y faire une étable ou une écurie, en fesant faire un contre-mur de huit pouces d'épaisseur, car la Coutume, dit-il, n'a parlé dans cet article du mur mitoyen, que parce que c'est le plus ordinaire, et qu'il arrive rarement qu'un mur, dans la ville, appartienne, pour le tout, à un seul (1).

(1) Le Code civil a levé la difficulté, et l'art. 674 parle des précautions à prendre dans les constructions qui doivent s'appuyer à un mur, qu'il soit mitoyen ou qu'il appartienne en seul au propriétaire voisin.

Une autre observation du même auteur, c'est que, si le mur a été bâti aux dépens seuls de celui qui a fait l'étable ou l'écurie, le propriétaire de ce mur ne sera point obligé de faire de contre - mur auprès dudit mur, bien qu'il serve de clôture à l'autre voisin, jusqu'à ce que le voisin se le rende mitoyen par le remboursement de la moitié de sa valeur, s'il n'y a titre au contraire (1); et cette observation

(1) Cette réserve, basée sur la loi qui permet de rendre, dans tous les cas, mitoyen, le mur qui nous sépare du voisin, doit porter le propriétaire exclusif de ce mur à prendre des précautions comme si le mur était commun, afin de ne pas être exposé à de nouveaux frais, dès que son voisin voudrait user du droit qu'il a d'acheter la mitoyenneté. Remarquez d'ailleurs, que sans ces précautions, le propriétaire qui n'a aucun droit au mur, n'en serait pas moins fondé à se plaindre, si les infiltrations ou l'humidité du mur, lui portaient préjudice ; ce ne serait pas alors une action basée sur le droit de servitude, mais bien sur cette règle invariable de droit et d'équité consignée dans l'article 1382 du Code civil ; *tout fait quelconque de l'homme qui porte dommage à autrui, doit être réparé.*

porte encore , selon lui , sur les caves et fosses d'aisance.

L'article 189 est ainsi conçu : *Qui veut faire cheminées et âtres contre le mur mitoyen, doit faire contre-mur de tuileaux ou autre chose suffisante, de demi-pied d'épaisseur* (1).

On trouve l'origine de cette disposition dans la loi, 13. ff. de *servit. præd. urb.* ; qui défend d'appliquer les tuyeaux des bains aux murs communs, *quod per eos*, dit-elle, *flammis torretur paries ;* et dans cet article, l'on va au devant de ce péril, par le moyen d'un contre-mur d'un demi pied d'épaisseur.

Cette disposition, ainsi que la précédente, est fondée sur une grande équité ; car, si d'un côté, il est juste que les co-propriétaires se servent des choses communes pour leur avantage, il n'est pas juste, de l'autre, qu'ils s'en servent au préjudice de leur co-

---

(1) Art. 674, Code civil. — Le tuyeau de conduite doit avoir trois pieds d'élévation, au moins, au-dessus du comble (Lepage, vol. 1, pag. 127.)

propriétaire, et en lui causant du dommage.

Ferrière observe que la Coutume marque bien l'épaisseur des contre-murs des cheminées, mais qu'elle n'y marque pas la hauteur, il croit qu'elle doit être au moins de cinq pieds (1) ; car c'est jusques où le feu peut endommager un mur, principalement aux grandes cheminées de cuisine, au dessus duquel contre-mur, on fait un talus, ou glacis, pour gagner le vrai mur.

On emploie ordinairement, outre les tuileaux, qui sont des morceaux de tuiles cassées, de la brique ou du grès, dans la construction des contre-murs des cheminées de cuisine, pour les rendre plus en état de résister au feu. On met par dessus de bonnes barres de fer à plomb, pour conserver le contre-mur ; on met aussi des contre-cœurs ou plaques de fonte, surtout

(1) Aujourd'hui que les cheminées se font beaucoup plus petites, il suffit de faire un contre-mur qui en couvre le fond ; c'est-à-dire, qui remplisse l'espace entre les deux piliers jusqu'à la hauteur du manteau.

aux cheminées de cuisine, car l'on s'en passe quelquefois aux cheminées de chambre ou de cabinet.

Ferrière, sur cet article, élève incidemment une question curieuse ; savoir, s'il est permis de tenir sa maison aussi basse que l'on veut, quoique le voisin reçoive de l'incommodité par la fumée des cheminées de cette maison.

De deux auteurs qu'il cite à ce sujet, l'un prétend qu'on ne peut être contraint de rendre sa maison plus haute, pourvu que les cheminées soient élevées d'un pied au-dessus du faîte de la maison tenue basse ; l'autre convient bien que l'on ne peut contraindre le voisin d'élever sa maison basse, mais que les tuyaux de ses cheminées doivent être élevés si haut, que le voisin n'en reçoive aucune incommodité ; ce qui est assez conforme à l'esprit des lois Romaines, qui ne permettent pas de jeter sur son voisin, *immittere in alienum*, quoi que ce puisse être ; or, faire aller de la fumée sur son voisin, c'est comme si on jetait quelque chose ; vid. Cæpolla, tract. 1. cap. 53 (1).

L'article 190 parle ainsi : *Qui veut faire forge, four et fourneau, contre le mur mitoyen* (2)*, doit laisser demi pied de vuide, et intervalle entre deux du mur du four ou forge, et doit être le dit mur d'un pied d'épaisseur.*

Cet article est assez mal conçu ; il signifie que celui qui veut faire forge, four ou fourneau contre le mur mitoyen, doit laisser un demi pied de vide, ce qui s'appelle isolément, ou le *tour du chat,* entre le dit mur mitoyen, et le mur de la forge, four ou fourneau, et

---

(1) Remarquez toutefois, que l'action en dommages-intérêts ne serait pas suffisamment justifiée par cette circonstance, qu'en temps d'orage, la fumée d'une cheminée se dirigerait dans l'intérieur de la maison voisine; une incommodité de ce genre serait considérée comme inséparable du voisinage ; et la nécessité nous fait un devoir de la supporter, lorsqu'elle se renouvelle rarement; *Pothier,* aux Pandect., *de servit. præd. urb.* n.° 16.

(2) Et à plus forte raison, contre un mur auquel il n'a aucun droit.

que ce dernier mur doit être d'un pied d'épaisseur ; tout cela a été ainsi réglé, afin que la chaleur se communique moins au mur mitoyen, et qu'elle perde de son activité, tant par le vide d'un demi pied, que par l'épaisseur du mur de la forge, du four ou fourneau.

Le cas que nous traitons ici avait été prévu par les lois Romaines, mais décidé d'une manière différente, puisqu'elles permettaient de bâtir des fours près et joignant le mur commun, en baillant au voisin caution de le dédommager, en cas qu'il en reçût perte ou préjudice ; la décision en est expresse dans la loi, *si servus*, § 10, ff. ad *Leg. aquiliam.*

La principale raison de cet article et du précédent, c'est le danger du feu et des incendies, qui ne sont que trop à craindre dans les grandes villes.

Coquille, sur la Coutume du Nivernais, tit. 10, article 25, observe à ce sujet que, s'il arrive quelque incendie dont on puisse appréhender le progrès, il est permis avec l'autorité du magistrat, d'abattre la maison où le feu a pris, et même celle où il n'est pas encore, afin d'en arrêter le cours ; il ajoute de plus, que si le danger est trop imminent, le particulier voisin qui connait que le feu ne peut être autrement arrêté, peut abattre sa maison ou quelque autre, de son autorité privée ; et qu'en tel cas, les propriétaires des maisons plus éloignées, sauvées du feu par cette démolition, doivent contribuer au dédommagement de celui ou de ceux dont on aura abattu les maisons (1)

Article 191 : *Qui veut faire aisances de privés ou puits contre un mur mitoyen, il doit faire contre-mur d'un pied d'épais-*

_____

(1) C'était aussi la disposition de l'article 645 de la Coutume de Bretagne. — L'article 410 et suivants de notre Code du commerce, sur le *jet* et *la contribution*, sont fondés sur le même principe d'équité ; et généralement, on admet que les propriétaires préservés doivent supporter l'indemnité par contribution, et en proportion du bénéfice qu'ils ont retiré de la démolition. Brillon, Dictionnaire des Arrêts, V.º Incendie ; Favard de Langlade, Vº Expropriation pour cause d'utilité publique, n. 14.

seur'; et où il y a d'un chacun côté puits,
ou bien puits d'un côté et aisances de
l'autre, suffit qu'il y ait quatre pieds de
maçonnerie d'épaisseur entre deux, com-
prenant les épaisseurs des murs d'une
part et d'autre ; mais entre deux puits,
suffisent trois pieds pour le moins.

Cet article est aisé à entendre sans autre
explication : on peut remarquer qu'il ne
comprend pas tous les cas, et qu'il ne
dit rien de celui où il y a des aisances
de part et d'autre. Ferrière, dans son grand
Commentaire, n'a rien observé sur cette
omission ; il y a lieu de croire que, dans
les cas omis, il faut se régler comme dans
celui d'un puits d'un côté et des aisances
de l'autre (1).

On trouve quelque chose au sujet des
aisances et des puits, dans le droit Ro-

---

(1) La Coutume de Toulouse exigeait que, dans ce
ce cas, il y eût quatre pieds de maçonnerie entre deux ;
en y comprenant l'épaisseur des murs, de part et
d'autre. Soulatge, 4.me part., pag. 136 de la Coutume
de Toulouse.

main ; c'est en la loi , *si quandò* § finali
ff. *si servit. vindic.* ; et en la loi dernière
ff. *finium regund.* ; mais ce qu'elle ordon-
nait à ce sujet a peu de rapport avec les
dispositions de la Coutume.

Article 192 : *Celui qui a place, jardin,*
ou autre lieu vuide qui joint immédiate-
ment au mur d'autrui , ou à mur mitoyen ;
et s'il veut faire labourer et fumer, il
est tenu faire contre-mur de demi-pied
d'épaisseur , et s'il y a terres jectices , il
est tenu faire contre-mur d'un pied d'é-
paisseur (1). .

Le sens de cet article est celui-là ; que,
qui a place , jardin , ou autre lieu vide ,
qui joint immédiatement au mur d'autrui
ou à mur mitoyen , et qui veut faire labourer et fumer ce terrain , est tenu faire
contre-mur de demi pied d'épaisseur , afin

(1) On n'exige plus aujourd'hui de contre-mur, en
pareil cas, et le propriétaire de la terre en culture peut
la travailler jusqu'au mur, à la charge toutefois par lui
de ne pas le dégrader en aucune manière ; sans quoi il
serait tenu de réparer ce préjudice, aux termes de l'art.
1382 du Code civil.

que le labour n'endommage pas le pied du mur ; et s'il y a terres jectices, il est tenu faire contre-mur d'un pied d'épaisseur.

On entend par *terres jectices*, des terres rapportées pour exhausser un terrain ; et comme ces terres pèsent sur le mur commun, et font poussée ; pour user des termes de l'art, singulièrement quand le terrain de l'autre côté du mur est plus bas, de là vient que la coutume a exigé qu'on fît, en ce cas, un contre-mur d'un pied d'épaisseur ; encore cette épaisseur était insuffisante dans beaucoup de cas, par l'avis des commentateurs (1).

La Coutume du Nivernais, chap. 10, art. 12, porte que si l'un des propriétaires du mur commun a, de son côté, la terre plus haute que l'autre, il est tenu de faire contremur de son côté, de la hauteur de ladite terre

_____

(1) Ceci est juste et conforme à l'usage ; la différence dans le niveau du terrain exige un contre-mur, et la justice ne se refuse jamais à sanctionner l'obligation résultant, en ce cas, de la situation des lieux. (Arg. de l'art. 674 du Code civ. V. notre Traité, n. 217 et suiv.

Coquille a observé judicieusement là-
dessus que cet article se doit entendre des
terres jectices et amassées par main d'homme,
et non pas de la terre qui, par son assiette
naturelle, est plus haute d'un côté que d'un
autre, car nul n'est tenu de l'incommodité
que le voisin souffre par la construction naturelle du lieu. Leg. fluminum 24, § 2,
versic. vitium; ff. de damno infecto; Leg.
1, § ult. ff. *de aquâ et aquæ pluviæ arcend.*
Ainsi, la Coutume du Nivernais, bien entendue, est la même que celle de Paris, à cet
égard; car cette dernière ne parle que des terres de transport, et non de celles qui, par leur
assiette naturelle, se trouvent plus élevées que
le terrain du voisin de l'autre côté du mur (1).

Les contre-murs se font sur l'héritage et
aux dépens de ceux qui ont les terres jectices, et c'est une règle générale dans tous
les cas où l'on est tenu de faire des contre-

(1) Il est certain que lorsqu'il ne s'agit pas de terres
rapportées, le propriétaire du fonds inférieur est tenu
de supporter les éboulemens de terrain qui se détachent
du fonds supérieur; c'est le cas de la servitude naturelle dont nous avons parlé à la note de la page 35.

4

murs (1) : la Coutume de Paris ne dit pas s'il est permis d'avoir des arbres près d'un mur commun ou du mur qui est en entier au voisin. On demande ce qui doit être observé.

La loi dernière ff. *finium regundorum,* qui règle les distances légitimes sur bien des choses, s'explique ainsi : *Si quis sæpem* (une haie), *ad alienum prœdium fixerit, infoderitque, terminum ne excedito, si maceriam* (une muraille à pierre sèche), *pedem relinquito ; si verò domum pedes duos :* nous l'avons observé ci-devant ; *si sepulchrum aut scrobem foderit, quantum profunditatis habuerit, tantum spatii relinquito ; si puteum passûs latitudinem ; at verò oleam aut ficum ab alieno ad novem pedes plantato ; cæteras arbores ad pedes quinque.* Nous avons parlé de ces dernières dispositions et de leurs causes dans le titre : *De la division des choses* (2).

----

(1) Il est juste, en effet, que les frais du contre-mur soient supportés par ceux qui l'ont rendu nécessaire, en transportant, sur leur terrain, des terres prises ailleurs, et en détruisant ainsi le niveau des deux héritages.

(2) Il n'est permis aujourd'hui de planter des arbres

La loi des Douze Tables et l'édit du Préteur permettaient au voisin, ainsi que nous
l'avons observé au même lieu, de couper les
branches des arbres à la hauteur de quinze
pieds sur terre, lorsqu'elles pendaient sur
son fonds ; c'était pour les héritages de la
campagne.

Mais il en est autrement à l'égard des
maisons, et la loi 1, au § 2. ff. *de arbori-
bus cœdendis*, permet de couper les arbres
au pied et même à la racine, lorsque leur
voisinage incommode les maisons : *Si arbor
œdibus alienis impendeat*, est-il dit dans ce
paragraphe, *utrum totam arborem jubeat
prætor adimi, an verò id solum quod
superexcurrit, quæritur ? Et Rutilius ait,*

à haute tige qu'à la distance prescrite par les réglemens
particuliers actuellement existants, ou par les usages
constans et reconnus ; et à défaut de réglemens ou usages, qu'à la distance de deux mètres de la ligne sépa-
rative de deux héritages, pour les arbres à haute tige,
et à la distance d'un demi mètre pour les autres arbres
et haies vives (art. 671 du Code civil). Le défaut de
réglemens et d'usages constans et reconnus a fait que,
dans la plupart des localités, on observe les distances
portées par le Code.

à stirpe excidendam, idque plerisque videtur veriùs, et nisi adimit dominus arborem, labeo ait permitti ei, cui arbor officeret, ut sivellet, succideret eam l'gna que tolleret. Parmi nous, on ne pourrait pas entreprendre d'abattre l'arbre, de son autorité privée, sur le refus du propriétaire, et il faudrait recourir à celle du Juge (1).

Le § 9 de cette même loi marque bien nettement la différence qu'il y a, en cette partie, entre les champs et les maisons : *Differentia duorum capitum interdicti*, dit le Jurisconsulte, dans ce paragraphe, *hœc est : si quidem arbor œdibus impendeat, succidi eam præcipitur ; si vero agro impendeat, tantùm usquè ad quindecim pedes à terrâ coerceri.*

(1) Lorsque, le tronc des arbres se trouvant à la distance légale, les branches seules avancent sur la propriété du voisin, celui-ci peut exiger que les branches soient coupées ; si ce sont les racines qui l'incommodent, il a le droit de les couper lui-même (art. 672 du Code civil), mais avec prudence et au moindre dommage. Quant à l'arbre lui-même, on ne peut pas plus qu'autrefois l'abattre de son autorité privée.

Ce que le Préteur a permis, dans le cas
de l'incommodité causée par les branches et
les rameaux des arbres, l'empereur Alexan-
dre l'a étendu aux racines, dans la première
loi, au Code *de interdictis*, en ces termes :
Cùm proponas radicibus arborum in vi-
cinâ areâ positis crescentibus , fundamen-
tis domus tuæ periculum afferri; præses ,
ad exemplum interdictorum quæ in albo
proposita habet prætor. Si arbor in alias
ædes impendebit.... rem ad suam æqui-
tatem rediget. Voyez Cujas, sur cette loi (1).

(1) Suivant les anciens usages de la Coutume de
Toulouse, la tige des arbres en espaliers devait être
éloignée de six pouces du mur mitoyen, et lorsque le
mur n'était pas mitoyen, il fallait qu'il y eût dix-huit
pouces entre le centre de l'arbre et le mur, sans que les
branches de l'espalier y pûssent être attachées. On en
usait ainsi à l'égard des ifs, des érables, des charmilles
et autres arbres qui servent à orner les jardins, *Sou-*
laige, sur la Cout. de Toulouse, pag. 141. — Au
contraire, suivant les usages suivis dans le dernier
temps à Paris, on reconnaissait le droit, pour les jardins
des maisons de plaisance des environs de la ville, de
planter les arbres joignant le mur de séparation (Arrêt
de la Cour de Paris, en date du 19 mars 1836, rapp.

L'art. 193 ne nous arrêtera pas : sa décision est que tous les propriétaires des maisons dans la ville et les faubourgs de Paris, y doivent avoir des lieux d'aisances suffisants. Cela ne fait pas loi dans les provinces, et n'est pas même trop bien observé à Paris; c'est du moins le témoignage de Ferrière, sur cet article.

L'art. 194 porte que *si aucun veut bâtir contre un mur mitoyen* (ce qui signifie simplement ici un mur de séparation), *faire le peut, en payant moitié tant dudit mur que fondation d'icelui jusqu'à son héberge ,* c'est-à-dire, jusqu'au faîte du bâtiment qu'il élève, *ce qu'il est tenu payer par avant que de rien démolir ni bâtir ; en l'estimation duquel mur est comprise la valeur de la terre sur laquelle est ledit mur fondé et assis au cas que celui qui a fait le mur l'ait pris sur son héritage.*

dans le Conseil des Notaires, vol. 2, pag. 218). Ajoutons que cet usage est assez général en France, quand il y a des murailles séparatives des jardins, et que les arbres sont plantés et entretenus de manière à ne porter aucun préjudice.

Cet article de la Coutume qui fournit le moyen de se rendre un mur commun, le propriétaire voulût-il résister, est contraire à la disposition du droit des Romains, selon lequel personne ne peut être contraint de vendre ce qui lui appartient, sauf pour des causes publiques, Leg. *invitum, cod.* de contrahendâ emptione ; Leg. *nec emere, cod. de jure deliberandi.*

Néanmoins, pour l'utilité commune des habitans et la décoration des villes, non-seulement la Coutume de Paris a passé par dessus cette difficulté, mais presque toute la France s'y est conformée ; et c'est une règle à-peu-près générale, que celui à qui est le mur mitoyen est tenu d'en vendre la moitié, et de le rendre mitoyen, aux conditions portées par cet article (1), ce qui s'entend néanmoins du cas auquel la servitude *oneris*

---

(1) S'il ne voulait en rendre mitoyenne qu'une partie, il le pourrait, et le propriétaire du mur ne pourrait pas exiger qu'il en prît plus qu'il ne lui en faut (art. 661 du Code civil), à moins que sa demande dût être considérée comme purement malicieuse.

ferendi n'est point due à celui qui veut bâtir ; car si le mur voisin devait pareille servitude, le propriétaire de ce mur serait tenu de souffrir que le voisin y adossât son édifice, sans avoir rien à prétendre.

M. Lecamus, lieutenant civil au Châtelet de Paris, a fait des notes judicieuses sur cet article ; on les trouve dans le grand Commentaire de Ferrière, et on va les rapporter ici.

« Le voisin, dit ce magistrat, n'est pas recevable à demander que celui à qui appartient le mur de séparation soit tenu de le rendre mitoyen, lorsqu'il ne veut point bâtir (1), la Coutume ne l'ayant permis

(1) Cette opinion n'est pas reçue aujourd'hui : il est au contraire positif 1° qu'on peut exiger l'achat de la mitoyenneté, dans l'unique objet de faire fermer des jours de souffrance (arrêt de la Cour de Toulouse, du 28 décembre 1832); 2° que la même faculté existe, lors même que celui qui entend en user serait, à raison de la situation des lieux, dans l'impossibilité d'appuyer des constructions au mur dont il voudrait acheter la mitoyenneté (arrêt de la Cour de Paris, rapporté par la Gazette des Tribunaux du 19 juin 1836).

qu'en ce cas seulement, ce qui est conforme
au bon sens ; car puisque cet article est
contre le droit commun, en ce qu'il forcé un
voisin de vendre la moitié de son mur et de
son terrain, il ne peut pas être étendu au-
delà des termes de la Coutume ; et de fait,
en quoi pourrait servir à un voisin de rendre
un mur mitoyen, s'il ne voulait point bâtir,
ce ne serait que pour boucher les vues de
coutume de son voisin ; ce qui ne serait point
juste, puisqu'elles ne nuisent pas au voisin
et qu'elles servent à celui qui les a. »

Il ajoute : « Un arrêt du 15 février 1653
l'a ainsi jugé ; c'est pourquoi, dit-il, au lieu
des mots *veut bâtir*, il faut mettre *bâtit*,
pour montrer que la seule intention de bâtir
ne suffit pas, et qu'il faut bâtir effective-
ment ; et j'ai jugé, continue-t-il, qu'une
chemise de plâtre plaquée dans un jardin,
quoiqu'elle servît à l'ornement du jardin et
de la maison, ne suffisait pas pour faire
boucher les vues ; il faut un bâtiment effectif
servant à l'usage ; la Coutume ne donnant
la liberté de rendre les murs mitoyens qu'en
bâtissant. »

Notre article veut que le remboursement de la valeur du mur ou du terrain se fasse avant que de pouvoir se servir du mur qu'on veut rendre mitoyen. Cela n'est pas observé à la rigueur : la pratique en serait même difficile, parce que celui qui veut bâtir ne sait pas souvent bien au juste ce qu'il occupera du mur voisin (1).

Il faut observer que l'estimation du mur qu'on se rend commun doit être faite eu égard au temps présent ; c'est-à-dire qu'il faut estimer la valeur du mur lors du remboursement, et eu égard au temps que le voisin s'en sert pour le rendre mitoyen, et non par rapport à ce qu'il a coûté au temps de la construction ; car outre que ce point de fait pourrait être difficile à fixer, il ne serait pas juste qu'on payât la valeur d'un mur fait depuis long-temps, comme s'il venait d'être construit à neuf (2).

(1) On tient pour constant aujourd'hui que le paiement de l'indemnité doit être préalable, c'est-à-dire, qu'elle doit être payée avant que l'acquéreur ne touche au mur.

(2) Il en serait autrement si le voisin voulait rendre

Art. 195. *Il est loisible à un voisin de hausser, à ses dépens, le mur mitoyen d'entre lui et son voisin si haut que bon lui semble; sans le consentement de son dit voisin, s'il n'y a titre au contraire, en payant les charges; pourvu toutefois que le mur soit suffisant pour porter le rehaussement, et s'il n'est suffisant, faut que celui qui veut le rehausser le fasse fortifier, et se doit prendre l'épaisseur de son côté (1).*

mitoyen l'exhaussement d'un mur séparatif de deux héritages, s'il n'avait pas voulu concourir aux frais de cet exhaussement, lorsqu'il a eu lieu (art. 660 du Code civil).

(1) Cette disposition est passée dans nos lois ; voici dans quels termes : « Tout co-propriétaire peut exhausser le mur mitoyen, à la charge par lui de payer en seul la dépense de l'exhaussement, la réparation d'entretien au-dessus de la hauteur de la clôture commune, et en outre, l'indemnité de la charge, en raison de l'exhaussement et suivant sa valeur (art. 658 du Code civil). Si le mur n'est pas suffisant pour supporter l'exhaussement, celui qui veut faire les réparations doit reconstruire le mur en entier et à ses frais ; il doit, de plus, fournir l'excédant de terrain qui sera nécessaire

Art. 196. *Si le mur est bon pour clôture et de durée, celui qui veut bâtir dessus et démolir ledit mur ancien pour n'être suffisant pour porter ses bâtimens, est tenu de payer entièrement tous les frais, et en ce fesant, ne paiera aucunes charges; mais s'il s'aide du mur ancien, paiera les charges.*

Art. 197. *Les charges sont de payer et rembourser par celui qui se loge et héberge sur et contre le mur mitoyen, de six toises l'une, de ce qui sera bâti au-dessus de six pieds* (1).

J'ai joint ces trois articles ensemble, parce que la liaison des sujets l'exige, et qu'en les expliquant tous à la fois, j'éviterai des répé-

(art. 659 du Code civil). — Il est d'usage et d'ailleurs conforme à la loi, que le propriétaire qui veut exhausser somme légalement son voisin pour savoir s'il veut ou non contribuer aux frais de l'exhaussement (Arg. de l'art. 662 du Code civil).

(1) Cette règle peut être utile aux experts pour leur estimation; toutefois, elle n'est pas rigoureusement suivie, et l'usage, d'accord avec la justice et la loi, règle l'indemnité sur le préjudice: ce qui fait que,

titions dont il eût été mal aisé de se défendre dans des explications séparées.

Le sens de ces articles, en raccourci, est que celui qui bâtira, pour son utilité particulière, au-dessus du mur mitoyen de son voisin, lui paie la sixième partie de la valeur du rehaussement, pour le dédommager par là du préjudice que la pesanteur du rehaussement pourrait causer au mur commun qui est au-dessous.

Il y a une exception à cela ; c'est lorsque le mur commun suffisant pour faire la clôture des deux maisons, ne le serait pas pour porter un bâtiment qu'on élèverait par dessus ; car, en ce cas, celui qui veut bâtir peut démolir le mur mitoyen, et en le rebâtissant entièrement à ses frais, il n'a point de charge à payer au voisin qui se trouve suffisamment dédommagé de la pesanteur du rehaussement par la nouvelle construction du mur mitoyen.

très-souvent, la surcharge du mur n'occasionne aucune dégradation ni dépréciation du mur, et ne motive dèsalors aucune indemnité (Arg. de l'art. 658 du Code civil).

Entrons un peu plus dans le détail. Ces articles, quoique placés sous le titre des servitudes, sont faits plutôt pour la liberté que pour la servitude : ils permettent, en effet, aux propriétaires d'une maison de hausser à ses dépens le mur mitoyen, sans le consentement de son voisin, aussi haut que bon lui semble, c'est l'effet de la liberté, s'il n'y a titre au contraire : voilà l'exception qui naît de la servitude. Les commentateurs en ont remarqué une autre en faveur des maisons religieuses ; nous en avons parlé ci-devant, page 66.

Ces articles semblent avoir quelque rapport avec le 194.me qui précède : il faut pourtant bien se garder d'en confondre les espèces. Dans le précédent, il s'agit du droit d'adosser ou de bâtir contre, ou joignant le mur de son voisin, ce qui est permis en le remboursant de la moitié de la valeur du mur et du terrain : dans ceux-ci, il est question des bâtimens qu'on élève sur le mur mitoyen ; ce que la coutume permet, en payant les charges telles que je vous les ai expliquées, et la Coutume ajoute : *si haut que bon lui semble.*

Ces termes ont fait naître des contestations qui ont été différemment jugées ; tantôt on a décidé qu'on pouvait élever *ad libitum,* tantôt que ce n'était que *civili modo*, et sans incommodité notable pour le voisin : les commentateurs de la Coutume penchent à ce dernier avis, et je m'y range volontiers avec eux ; car on pourrait, par humeur, bâtir si haut au-dessus du mur mitoyen, que la maison du voisin en serait entièrement offusquée ; or, c'est ce que la justice ne saurait jamais autoriser (1).

Ferrière observe, sur le premier de ces articles, que celui qui bâtit au-dessus du mur mitoyen doit le rendre bien crépi, et sans aucun trou d'échaffaudage ni d'autre : n'étant pas juste, dit-il, que celui qui élève un mur pour son seul usage, et qui ôte l'air et le jour à ses voisins, laisse encore de leur côté des objets désagréables ou même difformes.

(1) Voyez la note 2 de la page 65.

La Coutume ne dit pas si, pour élever le mur de clôture, il faut que l'on veuille réellement bâtir auprès, ce qu'elle exige dans l'espèce de l'art. 194. Il y a lieu de résoudre que non dans celle-ci ; et l'expérience nous apprend qu'on rehausse fréquemment un mur de séparation, sans autre objet que de rendre sa maison plus sûre, ou d'empêcher les vues des maisons voisines.

.C'est une question, s'il est permis de bâtir sur un mur de clôture non mitoyen. On l'a décidé pour l'affirmative ; et, en effet, puisque, par l'art. 194, il est permis de bâtir joignant un gros mur non mitoyen, aux conditions y portées, la même permission doit être donnée pour bâtir sur un mur de clôture non mitoyen, aux conditions des art. 194 et 196 ; c'est-à-dire, en payant la moitié de la valeur du mur et du terrain sur lequel il est fondé, si le cas y échoit, suivant le premier de ces articles, et les charges ; ce qui signifie la sixième partie de la valeur du rehaussement, suivant le second de ces deux articles.

Nous avons vu, dans les art. 195 et 196, que si le mur mitoyen sur lequel un des voisins veut bâtir, n'est pas suffisant pour porter le rehaussement, c'est à celui qui veut rehausser à le fortifier, et qu'il doit prendre l'épaisseur de la fortification dans son héritage; que même il peut, en ce cas, démolir entièrement l'ancien mur mitoyen et le faire construire à neuf à ses frais, et que la dépense de cette nouvelle construction le dispense même des charges.

Mais si, dans la suite, l'autre voisin qui n'a point fait bâtir, veut construire quelque bâtiment sur ou contre le mur qui a été fortifié ou construit de nouveau par celui qui a fait édifier le premier, quelles seront les obligations du second? Les voici : il devra rembourser la moitié de l'épaisseur qui aura été prise sur l'héritage du premier, si on en a pris en effet, et de plus, le prix de la moitié du mur fait de nouveau (1).

(1) En pareil cas, on exige la moitié de la dépense, et non la moitié de la valeur du mur (art. 660 du Code civil).

La Coutume, en parlant des charges, dit que c'est le paiement du sixième de la valeur de ce qui est bâti au-dessus de dix pieds ; parceque c'est en effet la hauteur coutumière des murs de clôture qui sont tous mitoyens, ou qu'il faut se rendre tels en la manière que nous l'avons ci-devant expliqué ; ce qui est indépendant des charges.

On a observé judicieusement, sur cette disposition de la Coutume, que comme le rehaussement ne commence pas toujours du dessus de la hauteur de clôture, mais souvent de plus haut, selon l'élévation des premiers bâtimens des voisins, ce n'est pas une règle certaine que les paiemens des charges, en cas de rehaussement, doivent toujours commencer du dessus de la hauteur de clôture, mais bien du dessus de l'héberge du voisin où a commencé le rehaussement.

Si celui qui a sa maison basse veut la rehausser, il doit rembourser la moitié du mur où il veut adosser, ainsi que nous l'avons dit plus haut, et de plus rembourser les charges de cet endroit, s'il les a reçues.

La raison en est toute naturelle; c'est que
la condition des deux voisins devenant, en
ce cas, entièrement égale, il ne serait pas
juste que l'un d'eux retînt les charges qu'il
aurait ci-devant reçues de l'autre.

Art. 198. *Il est loisible à un voisin se
loger ou édifier au mur commun et mitoyen d'entre lui et son voisin, si haut que
bon lui semblera, en payant la moitié dudit
mur mitoyen, s'il n'y a titre au contraire.*

Cet article semble renfermer une contradiction en soi; et paraît d'ailleurs contraire
aux articles précédens, en ce qu'il charge
de payer moitié du mur déjà mitoyen et
commun, celui qui veut bâtir contre; ce
qui est directement opposé aux art. 194,
195, 196, 204, 207 et 208, qui permettent de bâtir, en ce cas, sans autre obligation pécuniaire que celle de payer les
charges, en cas de rehaussement.

Pour sauver cette contradiction ou cette
contrariété, il faut supposer, comme nous
l'avons fait ci-devant sur un autre article,
que les termes de celui dont il s'agit ici,

mitoyen et commun, sont employés impro-
prement en cet endroit, pour signifier simplement des murs de clôture, qui eu égard
à leur usage, peuvent être appelés mitoyens
et communs, lorsqu'ils séparent deux maisons, bien qu'ils appartiennent pour le tout
à un des voisins. Après tout, il faut convenir
que l'article a été mal dressé, et qu'il aurait
été beaucoup mieux, au lieu de ces mots :
mitoyen et commun, de mettre *non mitoyen*.

Au surplus, comme cet article une fois
rétabli, ou expliqué selon son véritable
sens, n'est qu'une répétition des articles
précédens, je n'en ferai pas une plus longue
paraphrase.

Art. 199. *En mur mitoyen, ne peut l'un
des voisins, sans l'accord et consentement
de l'autre, faire faire fenêtres ou trous
pour avoir vue en quelque manière que ce
soit, à verre dormant ni autrement* (1).

Art. 200. *Toutefois, si aucun a mur à
lui seul appartenant, joignant sans moyen*

_____

(1) C'est la conséquence des principes tant de fois
invoqués en matière de servitudes et sur les choses
communes.

à l'héritage d'autrui, il peut en icelui mur avoir fenêtres, lumières ou vues aux us et coutumes de Paris ; c'est à savoir neuf pieds de haut, au-dessus du rez-de-chaussée et terre quant au premier étage, et quant aux autres étages, de sept pieds au-dessus du rez-de-chaussée, le tout à fer maillé et verre dormant.

Art. 201. *Fer maillé est treillis dont les trous ne peuvent être que de quatre pouces en tout sens : et verre dormant, est verre attaché, scellé en plâtre, qu'on ne peut ouvrir* (1)

(1) Le Code civil maintient, à-peu-près, ces dispositions, dans les termes suivans : Art. 675. L'un des voisins ne peut, sans le consentement de l'autre, pratiquer dans le mur mitoyen aucune fenêtre ou ouverture, de quelque manière que ce soit, même à verre dormant. — Art. 676. Le propriétaire d'un mur non mitoyen, joignant immédiatement l'héritage d'autrui, peut pratiquer dans ce mur des jours ou fenêtres à fer maillé et verre dormant. Ces fenêtres doivent être garnies d'un treillis de fer dont les mailles auront un décimètre (environ 3 pouces 8 lignes) d'ouverture, au plus, et d'un chassis à verre dormant. — Art. 677. Ces fenêtres ou jours ne peuvent être établis qu'à 26 décimètres (8 pieds) au-dessus du plancher ou sol de la chambre qu'on veut éclairer, si c'est au rez-de-chaussée,

J'ai joint ces trois articles à cause de la liaison qu'ils ont entr'eux. Il n'en est pas de plus importans en cette matière de servitudes urbaines ; et l'on ne saurait croire combien il s'élève de procès au sujet des vues dont il est parlé.

Le premier de ces articles décide que l'un des voisins ne peut, sans le consentement de l'autre, avoir des vues en mur mitoyen ; et cela est conforme à la disposition expresse du droit en la loi *eos qui,* ff. de servit. præd. urb. ; c'est d'ailleurs un principe général, que *in re communi nemo dominorum*

et à dix-neuf décimètres (6 pieds) au-dessus du plancher, pour les étages supérieurs. — On doit faire observer que la hauteur de 6 ou de 8 pieds doit être conservée non seulement du côté de la chambre pour laquelle l'ouverture a été faite, mais encore du côté du voisin. — Il est également certain que si, la fenêtre étant à la hauteur légale, on avait placé dans son embrasure ou à une distance moindre que celle dont il est parlé dans l'art. 677 ci-dessus, un escalier ou une terrasse, il faudrait que la hauteur légale fût observée, à partir de cette terrasse ou de la marche la plus haute de l'escalier, en suivant la direction de celui-ci, de manière qu'aucune marche ne fût plus rapprochée de l'ouverture que ne le prescrit l'article ci-dessus.

facere quidquam altero invito potest : undè manifestum est prohibendi jus esse ; in re enim pari potior est causa prohibentis , Leg. *Sabinus* ff. *communi dividundo ;* et vous sentez bien que ce qui n'est pas permis dans un mur mitoyen, l'est encore moins dans un mur qui appartient en entier au voisin.

Cet article reçoit néanmoins une exception ; savoir, lorsqu'il y a titre au contraire ; et dans ce cas, celui qui a droit des vues, dans le mur mitoyen, doit les avoir ainsi et dans la forme qu'il est porté par le titre.

Mais si le titre, sans entrer dans le détail, porte seulement droit d'avoir des fenêtres, alors les fenêtres doivent être faites selon la disposition de l'art. 200. Il y a des arrêts qui l'ont ainsi jugé (1).

Ce qu'on ne peut dans le mur mitoyen, on le peut dans le sien propre qui joint sans moyen, c'est-à-dire sans milieu, l'héritage d'autrui ; et l'art. 200 nous apprend qu'on y

_____

(1) Voyez aussi les lois indiquées et les observations faites aux n. 277 et suivants de notre Traité sur les servitudes.

peut faire des fenêtres ; mais c'est sous des modifications qui, nous laissant du jour ou de la clarté, nous empêchent pourtant d'être à charge au voisin, puisqu'on ne peut ni voir ni rien jeter sur son héritage.

Cette disposition de la Coutume, qui fait partie du droit Français, même dans les pays de droit écrit, suivant le témoignage d'Henrys, t. 1.er, liv. 4, chap 6, quest. 78., ce qui est commun à toutes les précédentes ; cette disposition, disons-nous, ne trouve pas son origine dans le droit Romain, mais elle n'en est pas moins équitable, et les tempéramens qu'elle renferme pour concilier l'intérêt des deux voisins en sont une bonne preuve.

Mais il faut observer que les vues que le voisin a dans le mur qui lui appartient en seul, et qui sépare sans milieu sa maison d'avec celle de son voisin, n'empêchent pas que le voisin ne puisse se servir de ce mur pour s'y loger et bâtir contre, en remboursant le propriétaire de la moitié de la valeur de ce mur et de sa fondation, suivant l'article 194 et suivants ;

et lorsque ce cas arrive, les vues sont et doivent être bouchées, parce que tels murs deviennent mitoyens, et conséquemment ne souffrent point des vues ou fenêtres, suivant l'art. 199 de la Coutume, qui est venu des trois que nous examinons ici (1).

(1) L'opinion de l'auteur est vraie et conforme à l'opinion des jurisconsultes modernes, lorsque les fenêtres ouvertes dans le mur mitoyen ont été faites et maintenues suivant les exigences de la Coutume, c'est-à-dire en jours de souffrance; mais si, au contraire, ces ouvertures ont été faites au mépris des conditions ordinaires; si elles ont été établies en pleine liberté, 30 ans d'existence doivent les faire maintenir, et même dans le cas de l'achat de la mitoyenneté du mur dans lequel elles ont été faites, celui qui s'en est servi pendant ce laps de temps, a le droit d'invoquer la prescription; ce point de jurisprudence est aujourd'hui certain. (Arrêt de cass. rapporté dans Sirey, vol. 36, part. 1, p. 604, et les autorités y indiquées.) Par voie de suite, la jurisprudence a reconnu qu'une fenêtre ainsi établie donnait à son propriétaire le droit de s'opposer à ce que ce voisin élevât aucune construction en deçà de 6 pieds, lorsque la fenêtre procure une vue droite (art. 678 du Code civil), et de 2 pieds, quand elle ne donne que des vues obliques (art. 679 du Code civil). Voyez arrêt de cassation, en date du 8 août 1836, rapporté par la Gazette des Tribunaux du 9 août 1836,

La disposition de l'art. 200 reçoit une exception en ce qu'il y est dit de la hauteur des fenêtres ouvertes dans le mur qui nous appartient en entier, c'est lorsque ces fenêtres donnent sur un cimetière voisin ; car, en ce cas, il suffit qu'elles soient à fer maillé et verre dormant ; et quant à leur élévation, on peut les mettre à celle qu'on veut.

Ferrière rapporte deux arrêts qui l'ont ainsi jugé : le dernier fut rendu sur les conclusions de M. l'avocat général Talon, qui remontra que les trépassés étant exempts de toutes passions et affections, et ne craignant pas, comme les hommes vivants, que leurs occupations ordinaires soient connues, il n'y avait pas apparence de suivre dans cette espèce les règles établies entre particuliers, pour empêcher les incommodités que chacun pouvait recevoir de son voisin ; conséquemment, l'arrêt qui intervint se contenta d'ordonner que les vues seraient fermées avec fer maillé et verre dormant, pour empêcher qu'on ne pût jeter des immondices dans le cimetière, ni troubler les prières qui s'y font.

Un voisin peut-il avoir des fenêtres à fer maillé et verre dormant, et à la hauteur prescrite, dans un rehaussement fait à ses frais seuls sur un mur mitoyen ?

On a jugé pour l'affirmative. La raison en est, qu'encore que le mur soit mitoyen, depuis la fondation jusques au commencement du rehaussement, néanmoins il ne l'est pas, mais appartient, au contraire, pour le tout, quant à l'élévation, à celui qui l'a fait construire à ses dépens, dans laquelle il peut, conséquemment, avoir des vues, et sous les conditions portées par l'art. 200 (1).

Mais si le co-propriétaire du mur mitoyen ne le trouve pas assez bon pour soutenir le bâtiment qu'il veut adosser, ou que ce mur soit ruineux, et qu'il veuille le démolir ou le refaire à neuf : dans l'un et dans l'autre cas, il pourra avoir des vues dans le mur nouvellement construit, en supposant que le voisin ait refusé de contribuer à la réédifica-

_____

(1) Cette opinion est suivie de nos jours, comme elle l'était autrefois par les meilleurs esprits. Pothier, Cout. d'Orléans, 231 ; Soefve, t. 12, 16-51.

tion. Ferrière le résout ainsi ; mais je doute que cette décision soit vraie pour le premier cas, parce que la nouvelle construction ne rend pas, dans cette espèce, celui qui l'a fait seul propriétaire du mur mitoyen, au lieu qu'il le devient dans l'autre (1).

On demande si celui qui a des vues de coutume peut les changer de place, en fesant de nouvelles ouvertures dans ce mur ? ou même si, le mur ayant été fait sans y laisser des vues ou fenêtres, il est permis, dans la suite, d'en ouvrir ? Ferrière distingue et

(1) On tient aujourd'hui que le rétablissement du mur ne donne à celui qui l'a fait reconstruire un droit exclusif de propriété, qu'autant que la reconstruction de ce mur était rendue nécessaire par son état de délabrement, et que le co-propriétaire voisin, sommé de contribuer à la reconstruction, a préféré renoncer à la mitoyenneté du mur et abandonner la moitié du sol sur lequel le mur était assis, conformément à l'art. 656 du Code civil ; et dans ce cas, il peut y faire des ouvertures à verre dormant et fer maillé, comme dans un mur lui appartenant. Mais si la reconstruction n'était nécessaire que parce qu'étant trop faible, il ne pouvait pas supporter l'exhaussement que se proposait d'en faire l'autre voisin, le mur n'en resterait pas moins mitoyen comme par le passé, et à la même hauteur.

résout la question pour la négative, quand
il s'agit des murs de rehaussement placés sur
un mur mitoyen, mais il soutient l'affirmative, lorsqu'il s'agit des murs joignant sans
moyen l'héritage d'autrui, et fait aux seuls
dépens de celui qui veut y percer (1).

La Coutume, en l'art. 200 que nous ex-
pliquons, a bien déterminé en quelle hauteur
les vues qu'elle autorise doivent être placées,
suivant la différence des étages où on veut
les placer; mais elle n'a pas résolu quelle
en devait être la grandeur; et s'il s'élevait
des contestations à ce sujet, il faudrait les
décider *arbitrio boni viri* (2). On peut

(1) Rien ne s'oppose à ce que celui qui a des jours
de souffrance dans un mur lui appartenant en seul, ou
dans une partie exhaussée à ses frais d'un mur qui
était mitoyen jusqu'à l'exhaussement, ne puisse changer
ces jours et en faire de nouveaux; le droit qu'il a eu de
les faire lui donne le droit de les changer et de les
multiplier.

(2) On ne doit reconnaître au droit que nous avons
d'ouvrir des jours de souffrance dans une muraille qui
nous appartient, d'autre entrave que celle que les con-
venances du bon voisinage et la justice admettent dans
tous les cas où l'entreprise d'un voisin serait purement
malicieuse.

remarquer en passant que ces fenêtres cou-
tumières sont ordinairement fort petites.

Il y a, dans cette ville de Toulouse, une
Coutume non écrite, à peu près pareille à
celle de Paris. Cazaveteri, dans son commentaire sur la Coutume de Toulouse, tit. *de
rædificiis et bastimentis*, a observé cet usage
ancien et immémorial, qui a force de loi.
Voici la note en assez mauvais latin.

Est Consuetudo, dit-il, *non scripta in
Tolosâ et observata, quod habens domum
contiguam cum horto vel peirerio domûs
vicini, potest facere et tenere fenestram
suprà hortum vel peirerium sui vicini ad
recipiendum lumen seu claritatem, dum
tamen illa fenestra distet à solerio, id est*
le rez-de-chaussée, *istius stagiæ de altitu-
dine per decem palmos, et sit talis fenestra regiata regiis ferreis cum vitrialibus,
vel telâ cereatâ, ità quod non pateat as-
pectus vel prospectus suprà hortum vel
peirerium vicini, qui se vult ædificare in
hoc horto vel peirerio, hoc facere potest,
ità quod ille qui sic tenuit fenestram non*

poterit allegare aliquam præscriptionem,
sed necesse habebit præstare patientiam.
On trouve la même observation dans Fran-
çois-François, autre commentateur de la
Coutume de Toulouse. C'est sur le même
titre.

Art. 202. *Aucun ne peut faire vue droite*
sur son voisin ni sur place à lui apparte-
nant, s'il n'y a six pieds de distance entre
ladite vue et l'héritage voisin, et ne peut
avoir bées (vues) *de côté, s'il n'y a deux*
pieds de distance (1).

Les vues droites dont il est parlé dans cet
article sont des vues libres et pleines, à hauteur d'appui; et les bées sont des vues pratiquées obliquement dans l'épaisseur du
mur, ou si l'on veut, autrement placées,
mais de telle façon qu'on ne peut voir que
d'un côté dans la maison ou héritage du
voisin.

Pour avoir des vues de la première espèce,
il faut qu'il y ait six pieds de distance entre

(1) Les art. 678 et 679 du Code civil ne sont que la
répétition de l'art. 202 de la Coutume.

les vues et le fonds du voisin ; et pour celles de la seconde, il suffit de deux pieds. Cette distance se mesure du devant du mur où la vue est faite, jusques au milieu du mur mitoyen ; et si le mur appartient en entier à celui qui a des vues, la largeur de tout le mur entre dans la distance ; et si, au contraire, il appartient *in solidum* au voisin sur lequel sont les vues, la distance doit être entière sur l'héritage de celui qui a les vues, et se doit terminer au commencement du mur de clôture.

Faut-il observer cette distance eu égard au fonds de la campagne comme à l'égard des maisons ? Il a été jugé que non, et qu'on pouvait avoir des vues sur les héritages de son voisin, pour si près qu'on en puisse être ; ce qu'il faut entendre néanmoins avec cette limitation, que les héritages sur lesquels les vues donnent ne soient ni clos ni fermés de murs ; car, en ce cas, l'héritage étant ouvert à tout le monde, il ne serait pas raisonnable d'empêcher le propriétaire d'une maison voisine d'y avoir des vues ; mais si l'héritage était clos et fermé, la chose ne serait pas permise; singulièrement, si c'était le parc ou l'enclos d'une maison ; et notre article se rapporte sans doute à cela , lorsqu'il dit que aucun ne peut faire vues droites sur son voisin, ni sur place à lui appartenante, etc. (1).

Une autre question importante, parce qu'elle s'offre souvent, est de savoir si on peut avoir des vues droites sur la maison voisine, lorsqu'il y a rue ou chemin public entre deux, sans que la distance de six pieds s'y trouve. Il faut décider pour l'affirmative, parce que la vue est plutôt sur la rue ou chemin qui est un lieu commun, que sur l'héritage du voisin; *quia cœlum quod suprà id solum est, liberum esse debet*, ainsi qu'il est décidé dans des cas à peu près pareils,

---

(1) La question a été tranchée par l'Orateur du gouvernement, chargé de présenter l'exposé des motifs du titre du Code sur les servitudes; il déclara positivement que les art. 678 et 679 recevaient leur application aux héritages situés dans les campagnes, comme à ceux qui étaient situés dans les villes, et depuis lors, l'usage s'est conformé à cette décision.

*

par la loi 1, ff. de servit. præd. urban. (1)

Il en est de même quand les vues donnent sur les cimetières ; mais je vous ai observé ci-devant qu'elles devaient néanmoins être à fer maillé et verre dormant. M. Lecamus, sur cet article, a remarqué qu'on n'avait pas usé de cette précaution à l'égard du cimetière des Saints Innocens, à Paris.

Les terrasses, balcons, perrons, lucarnes et tous autres lieux d'où l'on peut voir sur le voisin, doivent être réglés selon notre article, c'est-à-dire, placés à la distance qu'il exige (2).

(1) Mais remarquez qu'il faut que le chemin soit public ; s'il ne constituait qu'une propriété privée, quoique commune à plusieurs, il faudrait que la distance légale fût observée (arrêt de la Cour de Nanci, du 25 novembre 1816 ; rapporté par Dalloz, vol. 18, part. 2, p. 28.

(2) On a douté si la disposition devait s'appliquer aux ouvertures de cave ; mais l'affirmative a prévalu, soit parce que la disposition de la loi est générale, soit parce que les motifs qui l'ont fait porter sont les mêmes ; l'usage ne tolère les soupiraux de cave qu'autant qu'ils sont pratiqués de manière à empêcher qu'on ne puisse rien jeter chez le voisin, et qu'on ne puisse voir chez lui.

Mais si le mur du voisin était plus élevé que nos vues droites, alors la distance de six pieds n'est plus exigée, parce que l'élévation de son mur empêche que je ne puisse voir chez lui (1).

Art. 203. *Les maçons ne peuvent toucher ni faire toucher à un mur mitoyen, pour le démolir, percer et réédifier, sans y appeler les voisins qui y ont intérêt, par une simple signification seulement, et ce, à peine de tous dépens, dommages-intérêts et rétablissement dudit mur.*

La raison en est qu'on ne peut rien faire *in re communi* sans le consentement de ses copropriétaires; Leg. *parietem*, 8 ff. de servit. præd. urb.; d'où est tiré ce commun proverbe : *Qui a compagnon, a maître.*

Cet article n'ordonne qu'une simple signification de la part des maçons, après laquelle il semble qu'il est permis de passer outre ; cependant l'usage est que si, après la signi-

(1) Il est bon de faire observer seulement à cet égard, que tant que durerait le mur intermédiaire, le propriétaire des ouvertures n'en prescrirait pas l'usage.

fication, le voisin s'oppose à la démolition, il faut surseoir jusqu'à ce qu'il y ait un jugement qui lève ou qui suspende l'opposition.

La Coutume prononce la peine des dommages-intérêts contre les maçons qui ont négligé de dénoncer au voisin la démolition du mur commun, avant que de l'entreprendre ; mais ce serait communément une assez mince ressource, si on n'avait pas d'ailleurs une action ouverte contre les propriétaires, comme civilement responsables du fait des maçons ; Ferrière assure qu'on a l'un et l'autre, et cela paraît très raisonnable (1).

Art. 204. *Il est loisible à un voisin percer ou faire percer et démolir le mur commun et mitoyen d'entre lui et son voisin, pour se loger et édifier, en le rétablissant duement à ses dépens, s'il n'y a titre au contraire, en le dénonçant tou-*

_____

(1) Cette considération a porté le législateur moderne à mettre l'obligation de l'avertissement à la charge du propriétaire seul, et à mettre entièrement de côté le maçon chargé de la réparation ; pour le surplus, l'art. 203 de la Coutume doit être observé ; arg. de l'art. 662 du Code civil.

*tefois, au préalable, à son voisin, et est
tenu faire incontinent et sans discontinua-
tion ledit rétablissement.*

Cet article est une suite du précédent : il
exige une dénonciation de la part du propriétaire, pareille à celle des maçons, et cela
est très-juste : on ne doit pas être exposé à
n'apprendre la démolition de son mur mitoyen et commun, que par la démolition
même ; et de plus, l'on peut avoir des raisons
pour s'y opposer : il faut donc qu'une dénonciation préalable en donne le temps et
la liberté.

Ces termes de notre article, *s'il n'y a titre
au contraire,* sont une exception de l'obligation à laquelle la coutume et le droit commun assujettissent celui qui démolit, de
faire rétablir duement un mur à ses dépens ;
car si, par exemple, la maison du voisin
était chargée de la servitude *oneris ferendi,*
et qu'il fût porté par le titre que, quand il
y aurait quelque démolition à faire dans ce
mur, en certains cas, le rétablissement s'en
ferait aux dépens de celui qui devrait la ser-

vitude ; ce voisin en serait tenu , sans contre-
dit , en vertu de cette clause.

Ces termes, *s'il n'y a titre au contraire ,*
peuvent se rapporter encore au commencement de l'article, c'est-à-dire que l'un des
voisins peut percer et démolir le mur commun et mitoyen, s'il n'y a titre au contraire ;
car, quoiqu'il soit permis par cet article à
ceux qui ont un mur commun de s'en servir
pour se loger et édifier, toutefois, cette faculté cesse lorsqu'il en a été autrement con-
venu ; car il est permis de renoncer au droit
introduit en notre faveur. Leg. *si quis in*
conscribendo , cod. *de pactis* et Leg. finali
§ sin autem , cod. *de furtis.*

Il résulte de cet article , que si le mur
n'est pas mitoyen , mais qu'il appartienne
pour le tout à l'un des voisins , l'autre ne le
peut pas percer ni démolir pour se loger et
édifier, étant obligé, avant que de rien entreprendre, de rembourser la moitié du mur
au voisin , et la moitié du fonds sur lequel le
mur a été bâti, suivant l'art. 194.

Art. 205. *Il est aussi loisible à un voisin*

contraindre ou faire contraindre par jus-
tice son autre voisin à faire ou faire refaire
le mur et édifice communs pendants et cor-
rompus, entre lui et sondit voisin, et d'en
payer sa part chacun selon son héberge,
et pour telle part et portion que lesdites
parties ont et peuvent avoir audit mur et
édifice mitoyen (1).

Par cet article, l'un des voisins peut faire contraindre, par justice, l'autre de contribuer à la réfection et réparation du mur commun et mitoyen pendant et corrompu, en lui dénonçant auparavant le péril et la ruine prochaine dudit mur s'il n'est réparé, et le fesant appeler pour cet effet en justice, pour s'y voir condamner. Leg. 4, §. Prætor ait ff. *de damno infesto*; Leg. *si ut proponis*, cod. *de œdificiis privatis*; et au cas que le voisin dénie que le mur ait besoin de réparation, ou qu'il soutienne que c'est par la faute de son consort, les parties doivent cou-

_____

(1) C'est la conséquence du principe, que tous les propriétaires d'une chose commune sont obligés de contribuer à l'entretien de cette chose. Art. 656, Code civ.

venir d'experts pour faire la visite des lieux et leur rapport, sinon il en doit être nommé d'office par le juge (1).

La disposition de cet article est conforme au droit civil ; Leg. *si ædibus* ff. *de damno infesto ;* Leg. *si cum mense* ff. *si servitus vindicetur ;* et le jurisconsulte Paul, lib. 5 *sententiarum,* cap. 10, dit que : *in communi pariete, socius portionis suæ impensas cogitur agnoscere.*

Au surplus, il n'est pas nécessaire, pour contraindre le voisin à la démolition et à la construction du mur à frais communs, que le mur soit tout ensemble et pendant et corrompu, il suffit qu'il soit ou corrompu ou

(1) Encore est-il d'un usage constant et d'ailleurs conforme à la justice et au droit, qu'en cas d'urgence, le propriétaire dont le voisin se refuse d'écouter la juste réclamation, peut de suite prendre des mesures de précaution pour empêcher la chute du mur, et même le faire démolir, si cette démolition était commandée par la prudence. Tous les frais faits en ce cas seraient supportés en commun, et celui qui en aurait fait l'avance aurait action contre le co-propriétaire du mur.

pendant, quoiqu'il semble d'après la parti-
cule *et* dont se sert l'article, que l'un et
l'autre soient requis.

Art. 206. *N'est loisible à un voisin de*
mettre ou faire mettre et loger les poutres
et solives de sa maison dans le mur d'entre
lui et son dit voisin, si ledit mur n'est mi-
toyen.

Art. 207. *Il n'est aussi loisible à un*
voisin mettre ou faire mettre et asseoir les
poutres de sa maison dedans le mur mi-
toyen d'entre lui et son voisin, sans y faire
faire et mettre jambes, parpaignes, ou
chesnes et corbeaux suffisants, de pierre
de taille, pour porter lesdites poutres, en
rétablissant ledit mur; toutefois, pour les
murs des champs, suffit y mettre matière
suffisante (1).

Art. 208. *Aucun ne peut percer le mur*

(1) Le Code civil n'a point exigé les mêmes précautions; toutefois, il est d'usage et d'ailleurs conforme
aux principes relatifs à la jouissance d'une chose commune, de placer les poutres dans un mur mitoyen avec
toutes les précautions nécessaires pour ne pas dégrader
ce mur.

mitoyen d'entre lui et son voisin, pour y mettre et loger les poutres de sa maison, que jusques à l'épaisseur de la moitié dudit mur, et au point de milieu, en rétablissant ledit mur, et en mettant et fesant mettre jambes, chesnes et corbeaux, comme des-sus (1).

Selon le premier de ces articles, que nous avons cru devoir réunir, on ne peut placer poutres et solives dans le mur appartenant au voisin *in solidum*, parce qu'on ne peut user de la chose d'autrui, à moins d'avoir acquis le droit de servitude qu'on appelle dans les lois *tigni immittendi* ; mais à l'égard du mur mitoyen, il est permis de les y

---

(1) Le Code civil apporte une légère modification à cette disposition ; voici comment s'explique sur ce point l'art. 657 : « Tout co-propriétaire peut faire bâtir contre le mur mitoyen, y faire placer des poutres et des solives dans toute l'épaisseur du mur, à 54 millimètres (2 pouces) près, sans préjudice du droit qu'a le voisin de faire réduire à l'ébauchoir la poutre, jusqu'à la moitié du mur, dans le cas où il voudrait lui-même asseoir des poutres dans le même lieu, ou y adosser une cheminée.

placer, comme étant sujet aux charges des voisins entre lesquels il est commun *non jure servitutis, sed jure societatis et dominii*, ce qui est conforme à la disposition du droit civil, en la loi *si ædes* 12, et la loi *sabinus*, 28. ff. *communi dividendo*.

Lors donc que le mur est mitoyen et commun entre deux voisins, chacun d'eux peut s'en aider à l'usage auquel il peut être destiné; mais s'il s'agit d'y placer des poutres ou solives, ce ne peut être qu'aux conditions portées par les articles suivants.

Ces conditions sont de faire mettre dans les murs mitoyens des jambes, parpaignes, ou chesnes et corbeaux suffisants, de pierre de taille, pour porter les poutres, lorsque c'est dans des maisons de ville; car aux maisons des champs, on peut employer d'autres matériaux, pourvu que néanmoins ils soient capables de supporter le fardeau : c'est la disposition du second de nos trois articles.

Comme les murs mitoyens appartiennent à chacun des voisins pour la moitié qui les regarde, le troisième article décide qu'on ne peut percer ces murs pour y mettre les poutres, que jusqu'à la moitié de leur épaisseur, au point du milieu, et rien ne paraît plus raisonnable; cependant les commentateurs de la Coutume de Paris attestent que cet article n'est pas communément observé. Voici leur note.

Quoique l'art. 208 porte, disent-ils, que les poutres ne peuvent être placées que sur la moitié du mur, néanmoins l'art de maçonnerie requérant une plus grande portée pour l'utilité et commodité des voisins en la commodité des voisins et la conservation des murs communs, plusieurs jugemens ont autorisé cet usage ; que lorsque les poutres n'étaient pas directement opposées à celles du voisin, elles pouvaient porter jusques au fond du mur, de son côté, à deux pouces près ; mais si la poutre se rencontre au droit du contre-cœur d'une cheminée, il doit y avoir quatre pouces de distance du côté du voisin, pour le moins ; et si c'est au-devant du tuyau, il suffit de trois pouces.

Il suit de là, que si lorsque le voisin veut

bâtir, ses poutres se rencontrent opposées aux poutres de celui qui a bâti le premier, et qui les avait portées au-delà du milieu du mur, ce dernier est tenu de le faire couper jusqu'au milieu du mur.

Art. 209. *Chacun peut contraindre son voisin ès-villes et faubourgs de la prévôté et vicomté de Paris, à contribuer pour faire faire clôture, fesant séparation de leurs maisons, cours et jardins assis ès-dites villes et faubourgs, jusques à la hauteur de dix pieds de haut du rez-de-chaussée, compris le chaperon (1).*

La raison de cet article est pour empêcher les contestations qui pourraient s'élever entre les propriétaires des maisons voisines par leur communication réciproque, faute de clôture ; et puisque les uns et les autres tirent le même avantage de la séparation, et que même cela est absolument nécessaire pour

---

(1) L'art. 663 du Code civil modifie cette disposition en ce sens que, dans les villes qui renferment moins de 50,000 habitans, la hauteur du mur de clôture est fixée à 8 pieds.

la sûreté et la vie, principalement dans les grandes villes, il a été trouvé raisonnable d'obliger les propriétaires des maisons de contribuer à la confection des murs de clôture séparant leurs cours, jardins et maisons, de sorte qu'un des propriétaires *ne peut pas s'en exempter pour quelque cause que ce soit* (1).

Nous avons dans Toulouse une Coutume à peu près pareille, sauf que la hauteur des murs de clôture qui séparent les murs et jardins n'est que de dix pans (ou 6 pieds), au lieu qu'à Paris elle est de 10 pieds

Item est usus et consuetudo Tolosæ, dit notre Coutume, au titre de ædificiis et bastimentis, *quod si aliqui habuerint inter*

_____

(1) Il ne pourrait donc pas se dispenser de contribuer aux charges de la mitoyenneté, en abandonnant son droit au mur de clôture et la moitié du sol sur lequel il est bâti. Cette faculté que l'art. 656 du Code civil accorde dans le cas où il s'agit des murs mitoyens en général, ne saurait être admise sans injustice dans le cas où il s'agit d'un mur de clôture. (Voyez nos observations, et les autorités que nous avons indiquées aux n. 222 et suiv. de notre Traité sur les servitudes.

se, in dictâ Villâ vel Barriis, aliquas domos seu operatoria, hortos, vel casales contiguos et immediatè vicinos, ad requestam et instantiam alterius illorum, debent dicti tales et tenentur facere clausuram vel clausuras inter dictas domos et operatoria, per medium, communiter et communibus expensis usquè ad tecta inferiora et in hortis et casalibus de pariete usquè ad decem palmos de alto.

La disposition de la Coutume est claire, mais il a été question de savoir quelle devait être la construction de ces murs de clôture ; s'ils devaient être bâtis avec de la brique, ou si ce pouvait être avec du torchis. *Cazaveteri* dit que, dans la ville, ce doit être avec briques et mortier, singulièrement entre gens riches. Il en rapporte un ancien arrêt de ce Parlement, du 8 mai 1528, et il ajoute qu'il ne croit qu'on dût l'observer dans les faubourgs, et l'usage a confirmé cette opinion.

Art. 210. *Hors lesdites villes et faubourgs, on ne peut contraindre son voisin*

*à faire mur de nouvel séparant les cours
et jardins, mais bien le peut-on contraindre à l'entretenement et réfection nécessaires des murs anciens, selon l'ancienne
hauteur desdits murs : si mieux le voisin
n'aime quitter le droit de mur et la terre
sur laquelle il est assis. (1).*

Cette différence entre les héritages de
ville et faubourgs qui en font partie, et les
héritages des champs, est fondée sur ce qu'il
n'y a pas la même nécessité de fermer les
les cours et les jardins dans les murs et villages, comme dans les villes et faubourgs;
parce que les meubles des habitans de la
campagne sont communément de peu de
conséquence, et que les habitans ayant
d'ailleurs peu de fortune, ne doivent pas être
contraints à faire les frais des nouvelles clô-
tures, ni même à ceux de la réfection des
anciennes, du moins lorsqu'ils offrent de
quitter le droit du mur et la terre sur laquelle il est assis.

(1) Le Code civil a reconnu le même droit par l'art.
656. Voyez toutefois la note de la page 126, relativement au mur de clôture.

Ce que cet article ordonne à l'égard des murs ou parois de clôture a lieu encore pour les haies communes, les passages communs et autres choses de cette nature, qui doivent être entretenues aux dépens de tous les voisins et intéressés ; sauf, si quelqu'un le refuse, de renoncer au droit qu'il a en la chose ; mais il faut remarquer que celui qui profite de la renonciation doit entretenir et mettre les choses en bon état, n'étant pas juste qu'il les laisse périr pour profiter de leur dépérissement.

Art. 211. *Tous murs séparant cours et jardins sont réputés mitoyens, s'il n'y a titre au contraire, et celui qui veut faire bâtir nouveau mur ou refaire l'ancien corrompu, peut* (1) *faire appeler son voisin pour contribuer au bâtiment ou réfection dudit mur, ou bien lui accorder lettres que ledit mur sera tout sien.*

La première partie de cet article est conforme au droit Romain, en la loi *parietem*

_____

(1) Ce n'est pas une faculté, c'est une obligation: Arg. des art. 659 et 662 du Code civil.

6.

ff. de *servitut. præd. urb.*, et en la loi 4 ff.
de servit. legat., suivant lesquelles tout
mur servant de séparation entre deux voisins
est présumé commun si l'un des voisins, par
un titre valable, ne prouve que le mur est
entièrement à lui : il faut ajouter, ou si cela
ne paraît pas par quelques marques exté-
rieures apposées au mur, ainsi qu'on le verra
dans l'art. 214.

Cette disposition de l'article dont il s'agit
ici est générale, tant pour la ville que pour la
campagne ; mais la seconde partie du même
titre, qui laisse au voisin l'option de contribuer au bâtiment ou réfection du mur de
clôture ou bien de s'en affranchir, en con-
sentant par écrit que le mur appartienne à
l'autre ; cette seconde partie, disons-nous,
ne peut avoir lieu que pour les maisons des
champs, car à l'égard de celles de ville,
cette option n'a pas lieu : et par l'article 209
que nous avons expliqué plus haut, les voisins sont nécessairement tenus de contribuer,
chacun pour sa portion, aux frais des murs de
clôture : il faut donc expliquer la deuxième

partie de l'art. 211 par la disposition de l'art. 210 qui parle de la même option, mais relativement aux fonds de campagne seulement (1).

Il faut observer que notre article, en parlant de la présomption que tous murs sont mitoyens, ajoute : *tous murs séparant cours et jardin;* mais que faut-il donc résoudre si le mur sépare une cour ou un jardin d'avec un corps de logis ou édifice qui serve d'habitation ? Ferrière assure que la même présomption a lieu, du moins jusqu'à la hauteur ordinaire de dix pieds, réglée par l'art. 209, soit parce que celui qui a la place de cour ou de jardin a pu contraindre celui qui a le logement de lui vendre la moitié de son mur pour lui servir de clôture, soit parce que celui à qui est le mur a pu contraindre son voisin à acquérir moitié de ce mur, comme lui servant de clôture (2). Pour se mettre

(1) L'opinion de l'auteur doit être entendue dans le sens que nous avons donné à l'art. 209, dans la note de la page 126.

(2) Cette opinion de Ferrière n'est point généralement adoptée, ainsi qu'on peut s'en convaincre par un

entièrement au fait de ces choses, il faut voir l'art. 214 et les observations que nous ferons bientôt sur cet article.

Pour la même raison, on répute mitoyen tout mur de clôture : on répute aussi mitoyens les fossés qui séparent deux héritages, à moins que la terre ne soit jetée d'un côté seulement, auquel cas le fossé est censé appartenir à celui sur le fonds duquel se trouve le jet de la terre (1).

Ce n'est pas tout à fait la même chose à l'égard des haies vives qui séparent les champs. Vid. sur cela Ferrière, sur cet article et sur l'art. 113 ; et Coquille, en ses Questions, chap. 198, où cette matière est bien traitée (2).

---

arrêt de la Cour royale de Toulouse, rapporté dans le Mémorial de jurisprudence, vol. 9, page 312.

(1) Cette présomption a été maintenue par les art. 666, 67 et 68 du Code civil.

(2) L'art. 670 du Code civil règle, ainsi qu'il suit, le droit des voisins sur la haie qui sépare leurs propriétés respectives : « Toute haie qui sépare des héritages est « réputée mitoyenne, à moins qu'il n'y ait qu'un

Art. 212. *Et néanmoins ès-cas des deux précédents articles, est ledit voisin reçu, quand bon lui semble, à demander moitié dudit mur bâti ès fonds d'icelui, ou à rentrer en son premier droit, en remboursant moitié dudit mur et fonds d'icelui* (1).

Il faut entendre ces derniers mots dans cette supposition, que le fonds où le mur est assis eût appartenu originairement en entier à l'autre voisin ; car s'il était commun avant l'abandon, il n'y aurait que la valeur de la moitié du mur à rembourser (2).

« seul des héritages en état de clôture, ou s'il n'y a « titre ou possession suffisante au contraire. » — Il n'y a possession suffisante qu'autant qu'elle s'est prolongée trente ans ; cette décision long-temps contestée est aujourd'hui certaine. Arrêt de cassation du 13 décembre 1836, rapporté par le Journal du Palais, vol. 1 de 1837, pag. 204.

(1) Mais remarquez que ce n'est pas la moitié du mur tel qu'il vaut, mais bien moitié de ce qu'il a coûté (art. 660 du Code civil). Il en est autrement lorsqu'il s'agit d'acheter la mitoyenneté d'un mur sur lequel on n'a jamais eu un droit de co-propriété (art. 661 Cod. civ.)

(2) C'est une erreur : il faut que celui qui entend racheter la mitoyenneté paie la moitié du sol sur lequel

La faculté qui est accordée par cet article
à un voisin de rentrer dans son premier droit
en remboursant à l'autre voisin la moitié du
mur, et même celle du fonds s'il y échoit,
lorsque bon lui semble, est opposé au droit
Romain qui, après quatre mois sans avoir
payé sa part des frais pour la construction du
mur mitoyen, en fesait perdre au voisin la
part qui lui appartenait. Leg. 4. Cod: *de
ædificiis privatis*.

Parmi nous, au contraire, le voisin prend
tel temps que bon lui semble pour rentrer en
son droit ; mais s'il arrivait qu'il y eût un
si grand espace de temps que la chose aban-
donnée eût été refaite plus d'une fois, celui
qui rend ne doit faire le remboursement
qu'une seule fois, à la juste valeur de la
chose en l'état qu'elle est lorsqu'il rentre (1).

Art. 213. *Le semblable est gardé pour*

le mur est assis ; car, en ayant fait l'abandon pour se
soustraire à l'obligation de contribuer à la reconstruction du mur, il n'en est plus propriétaire ; et il ne peut
plus le devenir que par le rachat.

(1) Voir la note 1 de la page précédente.

la réfaction , vuidange et entretenement
des anciens fossés communs et mitoyens.

Le sens de cet article est que si un fossé
est mitoyen entre deux héritages, les voisins
sont obligés à le refaire, vuider et entretenir
à frais communs, *à moins que l'un d'eux*
ne veuille quitter à l'autre le droit qu'il
y a (1).

Art. 214. *Filets doivent être faits accom-*
pagnés de pierre, pour faire connaître
quel mur est mitoyen, ou à un seul.

Cet article paraît ne se concilier pas·bien
avec l'art. 211, selon lequel tous murs séparant cour et jardin sont réputés mitoyens,

_____

(1) Il faut, en outre, que le renonçant à la mitoyenneté abandonne un franc-bord de 59 centimètres. —
Nous devons faire observer à cet égard, que l'abandon
n'est pas possible lorsque le fossé doit nécessairement
servir à recevoir les eaux du propriétaire qui propose
l'abandon, il est certain qu'en pareil cas, la renonciation serait dérisoire, puisque le renonçant ne profite-
rait pas moins du fossé, objet de l'abandon. — Enfin,
nous devons faire observer qu'il n'en est pas d'un fossé
comme du mur joignant la propriété d'autrui, et qu'on
ne peut pas contraindre le propriétaire d'un fossé à en
céder la mitoyenneté.

s'il n'y a titre au contraire. Tâchons de dissiper cette contradiction apparente, et fixons plus tôt ce que c'est que les filets dont parle notre article.

Les filets sont les rebords qui se font au haut des murs, ou si l'on veut, la couverture d'un mur qui a deux égouts, *fastigium muri utrinque inclinatum.* On les appelle autrement *chaperon.*

Cela posé, le sens des art. 211 et 214 est tel : **Y** a-t-il des filets de côté et d'autre? cela marque que le mur appartient à l'un et à l'autre voisin (1). N'y a-t-il des filets que d'un côté? c'est une marque que le mur n'appartient qu'à celui du côté duquel sont les filets. N'y a-t-il des filets ni de part ni d'autre? alors la présomption de l'art. 211

(1) Cette présomption n'est pas admise par le Code; l'art. 654 dit bien que lorsqu'il n'y a de filets de pierre que d'un côté, le mur est censé appartenir exclusivement au propriétaire du côté duquel sont les filets, mais il ne dit pas que les filets des deux côtés soient une présomption de mitoyenneté. Toullier, vol. 3, n. 199; Duranton, vol. 5, n. 312. Voir aussi Desgodets, sur l'art. 216 de la Cout. de Paris.

revient, savoir que tous murs séparant cour et jardin sont réputés mitoyens, s'il n'y a titre au contraire, c'est-à-dire titre écrit, ou titre muet pris de l'apposition des filets.

Art. 217. *Nul ne peut faire fossés à eaux, ni cloaques, s'il n'y a six pieds de distance, en tout sens, des murs appartenant au voisin ou mitoyens.*

Vous connaissez la raison de cette disposition ; je m'en suis expliqué plus d'une fois sur des sujets à peu près pareils.

Art. 218 *Nul ne peut mettre vuidange des fossés des privés dans la ville.*

Comme c'est plutôt de la police générale des villes que de l'intérêt des particuliers, que nous examinons ici, cet article ne nous arrêtera point.

Après tout ce qui vient d'être dit sur la nature des servitudes, il ne nous reste qu'à savoir comment elles s'acquièrent et se perdent selon le droit Français.

C'est à peu près comme par le droit Romain.

Les actes entre-vifs, les testamens sont les

moyens les plus ordinaires pour acquérir les
servitudes ; la destination du père de famille,
c'est-à-dire du propriétaire, vaut titre encore
quand elle est ou a été par écrit (1) et non

(1) La destination du père de famille consiste dans
l'arrangement que le propriétaire de deux héritages
fait pour leur utilité commune ou pour l'avantage de
l'un d'eux. Si par une cause quelconque, ces deux héritages viennent à appartenir à deux propriétaires différents, ou si l'un d'eux seulement sort des mains du
premier propriétaire, le profit qu'un des deux héritages retirait de l'autre doit être quelquefois maintenu,
comme constituant un droit de servitude. Nous disons
quelquefois, car la destination du père de famille n'a
lieu que pour les servitudes continues et apparentes
(art. 693 du Code civil). Voir toutefois l'art. 694 du
même code, qui porte une exception à l'art. 693, et
dont le sens est déterminé par des principes particuliers dont l'objet et le développement se trouvent dans
les n. 286 et suivans de notre Traité sur les servitudes,
et dans un arrêt récent de la Cour de cassation, rapporté par le Journal du Palais, vol. 1.er de 1837, pag.
92. — Pour qu'il y ait destination du père de famille,
il faut 1.º qu'il existe deux héritages divisés d'exploitation, ou deux maisons séparées ; 2.º il faut que les deux
héritages aient appartenu au même propriétaire, et que
cela soit prouvé d'une manière quelconque ; 3.º il faut
que celui qui allègue l'existence de la servitude par

autrement, suivant l'art. 216 de la Coutume de Paris ; ce qui est encore expliqué plus en détail par l'art. 125 qui précède.

Quand un père de famille, est-il dit dans cet article, met hors ses mains partie de sa maison, il doit spécialement déclarer quelles servitudes il retient sur l'héritage qu'il met hors ses mains, ou quelles il constitue sur le sien ; et les faut nommément et spécialement déclarer, tant pour l'endroit, grandeur, hauteur, mesure, qu'espèce de servitude : autrement, toutes constitutions générales de servitudes, sans les déclarer comme dessus, ne valent.

Cette disposition me paraît bien rigoureuse, et je doute fort qu'on s'y arrêtât en pays de droit écrit, du moins lorsque les servitudes sont apparentes et visibles ; car alors la concession générale suffirait. Les

destination du père de famille, prouve que c'est par le propriétaire des deux héritages que les choses ont été placées dans l'état où elles se trouvent ; 4.° il faut que l'intention du père de famille ne puisse pas être révoquée en doute. Voyez sur tout cela nos observations, aux n. 380 et suiv. de notre Traité.

auteurs des pays coutumiers ont néanmoins prétendu que la disposition dont il s'agit était fondée sur divers textes de droit ; et Bretonnier, sur Henrys, a fait une espèce de dissertation assez recherchée là-dessus ; c'est au tome 1, liv. 4, chap. 6, quest. 80 (1).

La prescription est encore un moyen d'acquérir les servitudes sans autre titre : et vous savez ce que nous en avons dit ci-devant, eu égard au droit Romain. Les pays du droit écrit s'y sont conformés, quant à la chose en soi, mais non pas eu égard au temps, ou peut-être l'ont-ils mal entendu en cette partie.

Il est certain que, suivant le droit, les servitudes s'acquièrent indistinctement sans titre, ou par la possession de dix ans entre présens, ou par la possession de vingt ans entre absens (2), ou par celle de trente ans. Vid. Henrys et Bretonnier, tom. 1, liv. 4, chap. 6, quest. 79. Cependant, dans les pays de droit écrit, et notamment au Parlement de

(1) Notre Traité, n.º 377.

(2) Non pas aujourd'hui. Voyez notre Traité des servitudes, n.º 397.

Toulouse, et même par l'avis de quelques interprètes du droit, il y a lieu de distinguer entre les servitudes continues et les servitudes discontinues. Les premières s'acquièrent par une possession de trente ans ; et les secondes par une possession de temps immémorial seulement. Cæpolla, tract. 1. de servit., cap. 19., n. 23 et 24. Guipape et Ferrière, quest. 553 ; M. de Catelan, liv. 3, chap. 7 (1).

Mais comment distingue-t-on les servitudes continues d'avec les discontinues ? Le voici : on entend par continues celles qui, étant une fois établies, s'exercent par elles-mêmes, et indépendamment du fait de l'homme, comme l'aqueduc, le stillicide, etc (2) ; et les discontinues sont celles dont l'exercice requiert le fait de l'homme, comme le droit de dépaissance, de couper du bois dans une forêt, etc (3) ; Cæpolla, au lieu préallégué. Tel est l'usage ; car du reste, à consulter le droit, la loi *foramen* ff. *de*

(1) Voyez suprà, note de la page 42.
(2) Art. 688 du Code civil.
(3) Même article.

servit. præd. urb. nous donnerait là-dessus d'autres règles.

Il reste à vous dire ce que c'est que cette possession immémoriale requise pour acquérir sans titre les servitudes discontinues . la loi *hoc jure,* §. ductus aquæ , ff. *de aquâ quotidianâ et æstivâ* en donne la définition : *est ea cujus origo memoriam excessit.*

Comment se prouve cette possession , et quelles doivent être les conditions de la preuve en cette matière ? Cela est important à savoir : on prouve la possession immémoriale par témoins qui en déposent de 40 ans avant l'instance , pourvu qu'ils ajoutent qu'ils ont ouï dire à leurs majeurs, aux anciens de la contrée, qu'auparavant et de leur temps , la chose s'est pratiquée de même : *ità se à majoribus audivisse.*

Il résulte de là que les témoins qu'on fait ouïr dans ces occasions doivent être âgés au moins de cinquante-deux ans , ou cinquante-quatre , suivant la différence de sexe ; afin qu'en remontant à quarante ans , on les trouve de l'âge compétent pour rendre un témoignage valable : cependant il ne faut pas croire que les témoins qui seraient au-dessous de cinquante-deux ans et cinquante-quatre ans soient entièrement inutiles : au contraire, il faut souvent de ceux-ci , sans quoi on perdrait son procès , malgré le témoignage des autres ; parce que ces derniers ne sont pas toujours en état de déposer de quarante ans continus de possession : il faut donc aider leur témoignage , eu égard aux temps plus modernes , par d'autres témoignages ; car il est de règle que *tempora et testimonia conjunguntur ;* et c'est ce que j'ai vu pratiquer au Palais depuis trente ans (1).

La Coutume de Paris est directement contraire à ce que nous venons de vous expliquer : elle porte , en l'art. 186 , que *droit de servitude ne s'acquiert par longue jouis-*

(1) Le Code civil ne reconnaît plus d'autorité à la possession immémoriale ; comme le nombre d'années qui se sont écoulées depuis sa promulgation sont un obstacle à ce qu'on puisse trouver des témoins capables de justifier une possession de cette nature antérieure à cette promulgation , il en résulte que , dans la pratique , on n'a plus à s'occuper de ces sortes de questions.

sance, quelle qu'elle soit, sans titre ;
encore qu'on en ait joui par cent ans.
L'article ajoute tout de suite : *mais la liberté
se peut acquérir contre le titre de servitude, par trente ans entre agés et non pri-
vilegiés.*

La raison pour laquelle la prescription n'a
pas lieu en matière de servitudes, suivant la
Coutume de Paris, a été rendue par Dumou-
lin en ces termes : *Pour obvier aux grandes
entreprises qui se fesaient fréquemment
sous couleur de souffrance et de tolérance,
pour cause d'amitié ou de familiarité dont
on abusait ;* à quoi l'on applique ce que
dit le jurisconsulte Paul, en la loi *qui jure*
41 ff. de acquirend. vel amitt. possession.
*Qui jure familiaritatis amici fundum ingre-
ditur, non eo animo ingreditur ut possi-
deat, licet corpore in fundo sit.*

Ce que la Coutume de Paris a décidé
contre la prescription des servitudes, s'entend, tant des servitudes rustiques que des
urbaines ; et ce n'est plus à présent, comme
dans l'ancienne Coutume, un sujet de dispute.

Les commentateurs de cette Coutume assurent que l'article dont il s'agit n'a pas lieu à l'égard des monastères, principalement de ceux des filles; parce qu'en cette partie, on regarde plutôt la bienséance et l'honnêteté que la rigueur absolue des règles; c'est-à-dire que les monastères peuvent acquérir, par prescription et sans titre, les servitudes urbaines qui sont à leur utilité ou commodité, et à l'exactitude de la clôture.

C'est une question à Paris, si la disposition de l'article dont il s'agit doit être observée dans les pays de droit écrit qui sont dans le ressort de son Parlement, comme Lyon, par exemple; Brodeau, sur Louet, lett. S, nomb. 8, l'assure; Henrys, tom. 1, liv. 4, chap. 6, quest. 79 et 80 le nie, du moins eu égard aux servitudes rustiques; et je ne saurais vous dire au juste lequel des deux a raison (1).

(1) Il paraît d'après Lalaure. en son Traité des servitudes, et d'après l'opinion que lui avait manifestée un des magistrats de la Sénéchaussée et Cour des monnaies de Lyon, que dans cette ville, on suivait l'art.

Enfin on peut encore acquérir les servitudes par l'adjudication qui se fait par le juge, lequel partageant les biens d'une succession ou d'une société, peut charger un héritage qu'il aura adjugé à un des héritiers ou des associés, d'une servitude envers l'héritage qu'il aura adjugé à un autre des cohéritiers ou des associés. Voyez Ferrière dans ses nouvelles institutions sur ce titre. (1)

Finalement, les servitudes légitimement acquises se perdent ou s'éteignent parmi nous selon le droit Français, par les mêmes moyens que par le droit civil ; nous les avons observés ci-devant (2). La prescription est, entr'autres, un moyen et même un moyen favorable de s'affranchir des servitudes, parce qu'elles sont toutes contraires au droit naturel ; ainsi la Coutume de Paris qui, en l'article préallégué, déclare toutes

186 de la Coutume de Paris pour les servitudes urbaines ; mais que les servitudes rurales se prescrivaient suivant le droit Romain.

(1) Et notre Traité des servitudes, au n. 366.

(2) Voyez suprà, pages 40 et suiv.

les servitudes imprescriptibles , quant à l'acquisition , les déclare en même temps toutes prescriptibles quant à la libération, par 30 ans entre âgés et non privilégiés , c'est-à-dire entre les majeurs et ceux qui n'ont pas de privilége exclusif de la prescription , ou qui du moins en prorogent le terme au-delà de trente ans ; c'est ainsi que Ferrière explique ces termes d'âgés et non privilégiés , sur l'art. 113 de la Coutume de Paris : c'est donc une règle dans tout le royaume, que celui qui soutient avoir prescrit contre une servitude , peut demander à faire preuve par témoins que sa partie adverse n'en a jamais joui, ou qu'il a été plus de trente ans sans en jouir ; sauf à lui sa preuve contraire.

Mais il faut prendre garde dans le droit Français comme dans le droit civil , que les servitudes rustiques se perdent simplement *non utendo*, et que les urbaines ne se perdent point, à moins que celui qui les doit ne prescrive la liberté par quelqu'acte contraire à la servitude ; ainsi qu'il est décidé par la loi 6 ff. de servit. præd. urb (1).

(1) Le Code civil, bien qu'il ait maintenu dans ses

La raison de cette différence est que les servitudes rustiques consistent *in agendo ;* ainsi nous ne pouvons nous en servir , *nisi aliquid agamus ;* c'est pourquoi *solum respicitur negligentia ejus qui servitute uti debuit.*

Mais il n'en est pas de même des servitudes urbaines , qui ne consistent pas tant *in agendo* que *in patientiâ domini servientis fundi.* Ainsi , *cum nullus sit verus earum usus , non utendo amitti nequeunt , nisi qui eas debet aliquid contrà moliatur et faciat.*

A Paris, les servitudes , du moins urbaines, se perdent encore par un autre moyen qui n'est pas reçu parmi nous ; c'est par le

---

termes la distinction entre les servitudes urbaines et les servitudes rustiques , n'a point fait la précision de l'auteur ; il déclare, au contraire, que la servitude est éteinte par le non usage pendant trente ans (art. 706). — Il ajoute que les trente ans commencent à courir selon les diverses espèces de servitudes , ou du jour où on a cessé d'en jouir , lorsqu'il s'agit de servitudes discontinues, ou du jour où il a été fait un acte contraire à la servitude, lorsqu'il s'agit de servitudes continues (art. 797). Enfin il veut que, par rapport à toutes

décret, lorsque le voisin à qui elles sont dues ne s'y est pas opposé.

Il est vrai qu'on distingue à ce sujet entre les servitudes visibles et les occultes. A l'égard des servitudes visibles, elles ne se purgent point par le décret, mais les servitudes occultes sont purgées et demeurent éteintes : la raison en est qu'on n'acquiert pas une maison sans la voir, et qu'en la voyant, on doit remarquer les servitudes apparentes : mais comme cette raison cesse à l'égard des servitudes occultes ; on a jugé qu'elles étaient purgées par le décret, à moins que celui à qui elles étaient dues se fût opposé, dans l'instance des criées, aux fins de conserver son droit. *Louet* et *Brodeau*, lettr. S, nomb. 1.

On juge tout autrement dans les pays de droit écrit, et notamment au Parlement de Toulouse, ou les biens décrétés passent au décrétiste, à la charge des servitudes réelles, bien qu'il n'y ait pas eu d'opposition de la

sortes de servitudes, le mode de la servitude puisse se prescrire comme la servitude même, et de la même manière (art. 768).

part de ceux à qui elles sont dues. *Laroche* et *Graverol*, liv. 2, *in verb.* decret, art. 49. (1).

FIN.

(1) Il en est de même aujourd'hui : seulement l'adjudicataire dont la propriété se trouve grevée d'une servitude occulte, peut user du bénéfice de l'art. 1638 du Code civil, ainsi conçu : « Si l'héritage vendu se trouve grevé, sans qu'il en ait été fait de déclaration, de servitudes non apparentes, et qu'elles soient de telle importance qu'il y ait lieu de présumer que l'acquéreur n'aurait pas acheté, s'il en avait été instruit, il peut demander la résiliation du contrat, si mieux il n'aime se contenter d'une indemnité. »

TABLE
Alphabétique.

7

B.

Balcon. A quelle distance du fonds voisin peut-on le placer ? 114.

Bâtimens. Ceux qui joignent les maisons religieuses peuvent-ils être élevés au-dessus de leur hauteur ancienne ? 66. — Peut-on, dans les villes, élever ses bâtimens aussi haut que l'on veut ? 67.

C.

Chemins. Combien y a-t-il d'espèces de servitudes de chemins ? 13 à 16. 56. — Comment se règlent les servitudes de chemins ? 13. 56. — Comment et dans quels cas s'acquiert la servitude de chemin pour le passage nécessaire ? 58 et suiv. — Lorsque le chemin de passage est rompu, qui doit le réparer ? 62.

Cheminées. De quelle épaisseur et de quelle hauteur doivent être les contre-murs qui doivent être faits par celui qui veut faire des cheminées ou âtres contre un mur mitoyen? 72 et suiv. — Lorsqu'un voisin place des poutres dans un mur mitoyen, à quelle distance doit-il les mettre, si elles se rencontrent au droit du contre-cœur d'une cheminée ? 123. — Est-il permis de tenir sa maison aussi basse que l'on veut, quoique le voisin en reçoive de l'incommodité par la fumée des cheminées ? 74. V *Dommage*.

Chose commune. De ce que le co-propriétaire nepeut y faire sans le consentement des autres, 30. 37. 102. 115. — La chose commune doit être entretenue par tous les ayant droit, 129 ; sauf le droit de renonciation, *ibid*.

Cloaque, V. *Fossé*.

Clôture, V. *Mur*.

Contre-mur. Dans quels cas est nécessaire ? V. *Aisances, Cheminées, Étables, Jardins, Puits, Terres jectices. etc.* — Aux dépens de qui se font les contre-murs ? *ibid*. et page 80.

D.

Décret. Les servitudes se perdent-elles par le décret ? 148.

Dommage. Nul n'est tenu de l'incommodité que le voisin souffre par la construction naturelle des lieux, 81. v. *Cheminee.*

E.

Étable. Dans quels cas faut-il un contre-mur ; comment doit-il être fait ? 69.

Experts. Dans quels cas y a-t-il lieu à nomination d'experts en matière de servitudes ? 36. — Comment ces experts doivent être choisis ; comment ils doivent procéder ? 57.

F.

Fenêtres. Quand et à quelles conditions peut-on en faire pratiquer dans sa maison, 100 et suiv? — *Quid,* lorsqu'elles donnent sur un cimetière, 106? — Le voisin peut faire fermer ces fenêtres, s'il veut se servir du mur pour y bâtir, 104; à quelles conditions, *ibid?* — Celui qui a acquis par titre un droit de vue doit se conformer à son titre, 103. — *Quid,* si le titre porte seulement d'avoir des fenêtres ? *ibid.* Quelles fenêtres on peut avoir dans un rehaussement fait à ses frais sur un mur mitoyen ? 107. — Celui qui rebâtit à ses frais un mur mitoyen peut-il y avoir des fenêtres ? 107. — Celui qui a des vues de coutume peut-il les changer de place ? 108. — A quelles distances peut-on avoir sur le fonds voisin des vues droites ou obliques, 3 et suiv. V. *luminibus non officiendi, luminibus immittendi.* V. *luminum.* V. *ne prospectui officiatur.* V. *prospect.*

Fer maillé. Qu'est-ce ? 101.

Filets. Ce que c'est, 136. A quoi ils servent, 135 et 136. — Présomptions *ibid.*

Fonds, V. *Héritage.*

Forges. Quelle est la distance que l'on doit observer en les bâtissant ? 75. — Quelle doit être l'épaisseur des murs ? *ibid.*

Fossés. Sont-ils toujours et de plein droit réputés mitoyens ? 132. — A la charge de qui est leur entretien ? 135. V. *Chose commune.* — Quelle distance doit-on observer quand on veut en faire un, près d'un mur qui ne nous appartient pas ? 137.

Four, V. *Forge.*

Fumée, V. *Cheminée.*

H.

Haies. Sont-elles de plein droit mitoyennes? 132. — A quelle distance du fonds voisin doivent-elles être plantées? 82. V. chose commune.

Héritages. Quelle est leur division en matière de servitudes? 11. — Les héritages sont-ils naturellement libres? 10.

I.

Incendie. Est-il permis d'abattre les maisons où le feu a pris, ou même celles où il n'est pas encore, afin d'en arrêter le cours? 76. — Est-il dû une indemnité, et qui doit la payer? 77.

J.

Jardin. Du contre-mur à faire quand il joint immédiatement la maison d'autrui, et qu'on le travaille jusqu'à ce mur? 79.

Jet. On ne peut rien jeter chez son voisin, 74.

L.

Lucarne. A quelle distance du fonds voisin peut-on la placer? 114.

M.

ployer un voisin pour contraindre ses voisins à cette contribution, 119 et suiv. — Comment celui-ci peut-il s'y soustraire par l'abandon? 129 et suiv. V. *Clôture*, et 126 à la note, V. *Chose commune*. — Celui qui a fait l'abandon peut-il, plus tard, rentrer dans son droit, et à quelles conditions ? 133. — On ne peut placer ses poutres dans le mur d'autrui, 121 ; mais on le peut dans un mur mitoyen, 121 et suiv. A quelles conditions? *ibid.* — Les deux voisins peuvent se servir du mur mitoyen suivant sa destination, 123 et suiv.

N.

Ne prospectui officiatur (de la servitude) 31.

O.

Oneris ferendi (de la servitude), 20 et 21.

P.

Perrons. A quelle distance du fonds voisin peut-on les placer ? 114.